路演商战

一学即会的路演打法

成旺坤 © 著

中华工商联合出版社

图书在版编目（CIP）数据

路演商战 / 成旺坤著. —北京：中华工商联合出版社，2020.1

ISBN 978-7-5158-2727-8

Ⅰ.①路… Ⅱ.①成… Ⅲ.①企业经营管理 Ⅳ.① F272.3

中国版本图书馆CIP数据核字（2020）第 016880 号

路演商战

作　　者：成旺坤
出 品 人：李　梁
图书策划：陈龙海
责任编辑：胡小英
装帧设计：国风设计
责任审读：李　征
责任印制：迈致红
出版发行：中华工商联合出版社有限责任公司
印　　刷：北京毅峰迅捷印务有限公司
版　　次：2021 年 1 月第 1 版
印　　次：2021 年 1 月第 1 次印刷
开　　本：710mm × 1020mm　1/16
字　　数：181 千字
印　　张：13.25
书　　号：ISBN 978-7-5158-2727-8
定　　价：48.00 元

服务热线：010—58301130—0（前台）
销售热线：010—58302977（网店部）
　　　　　　010—58302166（门店部）
　　　　　　010—58302837（馆配部、新媒体部）
　　　　　　010—58302813（团购部）
地址邮编：北京市西城区西环广场 A 座
　　　　　　19—20 层，100044
http://www.chgslcbs.cn
投稿热线：010—58302907（总编部）
投稿邮箱：1621239583@qq.com

工商联版图书
版权所有　侵权必究

凡本社图书出现印装质量问题，请与印务部联系
联系电话：010—58302915

序言

伴随着"大众创业、万众创新"政策的春风吹遍神州大地,"双创"的氛围越来越浓,越来越多的有志之士投身到了创业的大潮之中。

在创新、创业的洪流中,各种各样的项目如同百花盛放,别出心裁的创意也是层出不穷。新兴的创业者如同雨后春笋一般涌现。创业的激情是创业者必不可少的动力,但若是创业者缺少项目启动的资本,也很难在创业的道路上走得更远。所以,在"双创"时代,创业者不仅要有好的创意、优秀的团队,还需要有融资的手段。

对于新兴创业者而言,融资的手段无外乎寻找亲朋好友入股,或者是找天使投资机构进行融资。然而,前者所融到的资金非常有限,也很难让企业获得更加广阔的发展前景;相反,后者所融到的资本往往能够帮助创业者撑过最艰难的起始阶段,为企业赢得更好的发展机会。

说到这里,我们就不得不说说阿里巴巴。当年,阿里巴巴初创业时,创业团队只有十几个人,当他们向别人宣讲自己的商业模式的时候,甚至还被误认为是骗子。那一段时光,对阿里巴巴来说,无疑是非常困难的,若是马云最终没有找到慧眼识珠的投资者,也许,我们今天就无法见证阿里巴巴的辉煌。

说起融资,就不得不提路演。一些优秀的创业导师经常会这样说:"路演，是最粗暴的融资方式。"

对于所有的初次创业者而言，想要在创业的路上成功解决融资这一环，就必须要好好学习一下路演课。有企业家这样说："平庸的企业只能看到现在，而伟大的企业更能预见未来，受到资本的追捧。"投资机构愿意为你的创意与梦想买单。当然，想要让更多的投资机构了解到你的想法与创意，路演就必不可少。

在我身边，有很多年轻人因为懂得路演的技巧，在企业最艰难的时候，参加了一些路演活动，成功获得了周转资金，进而让自己的企业活了下来，也有很多年轻人因为不重视路演，不懂为企业融资与寻找优秀合伙人，导致企业的前路越来越窄，更是走不出由盛转衰的怪圈。

其实，在创业的大潮中，失败者总是不计其数，而成功者却寥寥无几。在看到了众多的失败之后，我也曾认真地思考过一个问题：如何才能帮助更多的有志青年顺利迈过融资这道坎儿。思来想去，那就是必须要熟练掌握路演的技巧，能够轻松应对各种路演场合，能够成功调动起投资机构的兴趣以及合伙人的参与热情。

不能否认，当前市面上关于融资路演方面的图书非常多，但是，这些书籍大多是以一种成功者的姿态，来讲述发生在自己身边的故事。对于绝大多数的创业者而言，没有实际的操作技巧，也没有真正可以拿来即用的干货，借鉴意义不大。

正是因为意识到了创业者在路演融资之时可能会产生的诸多困惑，以及创业者真正想要什么，我在这几年里，收集整理了大量的路演素材与资料，总结出了适用于融资路演、销售路演与招商路演等等路演形式的技巧与方法。希望这些简单、直接，甚至可以称之为粗暴的"条条框框"能够真正帮助到那些正遭遇路演难题，或者是正在为路演焦头烂额的创业者们。

这本书没有浮华的自吹自擂，也没有毫无意义的口水话，是一本真正能够

序　言

让你拿来即用，一学即会的路演标准教程。

当然，为了让内容更为生动鲜活，本书加入了一些成功企业的路演案例，以及一些形象直观的图表。读者在轻松阅读的过程中，掌握路演的流程和方式方法，避免路演的误区，让创业之路更加平坦与顺畅。

目 录

第一部分　路演：为创业助阵

第一章　路演，不只是一场演说

揭开路演神秘面纱 // 004

- 到底什么是"路演" // 004
- 你为什么要举办"路演" // 007

路演的三大本质 // 010

- 做仪式：仪式是文化的载体 // 010
- 讲故事：故事是价值的化身 // 013
- 传精神：精神是信念的终极 // 017

"路演精神"是路演的灵魂 // 020

- "路演"不仅需要技巧，更需要精神 // 020
- 拥有"路演精神"三个必备要素 // 023
- 案例1：马化腾对话百位记者 // 024

第二章　路演成功的八大细节

放大愿景，让愿景吸引投资者 // 028

资金分配方案不详细将切断融资之路 // 031

熟悉创业指标是获得融资的基础 // 034

主路演为辅，副路演为主 // 037

着重道出产品所能解决的行业痛点 // 041

展示企业团队精神 // 044

竞争力胜于雄辩 // 047

尝试进行多次路演 // 052

第二部分　实战：三步做好路演

第三章　第一步：充分准备，为路演储备能量

标的准备：不做无用功 // 058

· 明确路演目的 // 058

· 确定听众类型是投资者、消费者还是代理商 // 061

· 提炼企业的核心利益点 // 064

· 制定路演长短期目标 // 065

· 案例2："唯品会"IPO路演 // 066

剧本准备：达成共识的基础 // 071

目 录

- "路演"策划书：让"路演"活动有章可循 // 071
- 商业计划书：推销企业信息的书面材料 // 075
- PPT展示：调动听众兴趣 // 077
- 路演视频：企业最大的信息综合体 // 080
- 案例3："阿里巴巴"品牌路演 // 084

主角准备：确保路演万无一失 // 090

- 路演人代表企业形象直接面对受众 // 090
- 路演人的胜任人选 // 093
- 路演人的职责 // 096
- 胸有大局，熟悉流程 // 099
- 私下进行"路演"演练 // 102

道具准备：强化路演效果 // 105

- 选择路演听众方便到达的场地 // 105
- 准备好路演过程中的舞台道具 // 108
- 做好企业产品的展示、陈列和摆放 // 110
- 案例4：云南"吉盛祥"品牌路演 // 112

媒介准备：提升路演的知名度 // 114

- "酒香不怕巷子深"时代一去不返 // 114
- 根据产品受众邀请各路媒体 // 117
- 做足功课，防媒体发难 // 119
- 案例5：京东上市路演PPT解析 // 122

第四章　第二步：流程细化，让路演规范化

创意开场，吸引听众 // 128

- 路演活动泛滥，听众心生厌烦 // 128
- 创意开场白引导听众进入路演状态 // 131
- 直截了当，突出路演主题 // 134
- 创意开场的技巧与模板 // 136

路演时脱颖而出的四大招 // 139

- 数据和图表不可少 // 139
- 脱稿让听众对路演印象深刻 // 142
- 动作、眼神结合让路演更生动 // 144
- 商业逻辑清晰，打消听众疑问 // 147

直面质疑，打消疑虑 // 152

- 投资者有疑问是一件好事 // 152
- 以礼相待，坦诚回答 // 156
- 掌握六种应对技巧，让路演效果更佳 // 158
- 案例6：700Bike品牌路演 // 161

视频营销：路演必不可少的助力者 // 164

- 视频营销：视频+互联网 // 164
- 路演离不开视频营销的六大理由 // 167
- 视频营销"四要"，让路演价值最大化 // 169
- 必须避开的视频营销四大误区 // 171

- 不同阶段路演视频营销的技巧 // 174
- 案例7：苹果手机发布会路演的视频营销 // 176
- 案例8：小米路演的视频营销 // 178

第五章　第三步：总结评估，提高路演水平

审视误区，这些错必须改 // 184

- 好高骛远，一味画大饼 // 184
- 堆砌大量的专业术语和数据 // 187
- 过分复制其他企业路演模式 // 188
- 情绪化患得患失 // 191

绩效评估，既要成绩也要成本 // 194

- 评估路演效果的两个标准 // 194
- 测算"路演"活动成本 // 196
- 备案"路演"活动，做好下次路演 // 198

第一部分
路演：为创业助阵

01 第一章
路演，不只是一场演说

路演通常是指通过现场演示的方式，吸引目标人群注意，使之产生兴趣，最终达到成功推销自己的目的。路演有两种最基本的功能，其一是让更多的人了解你，其二是进行现场销售，激发潜在消费人群的使用几率。

当然，路演与普通的演讲还是有所不同的，路演是以吸引资金或者是达成交易为目的的，并不是一场简单的演说，所以，与普通演讲相比，路演所蕴涵的学问更多。

揭开路演神秘面纱

想要自己的路演取得预期的效果,就一定要清楚路演是什么。《孙子兵法》上讲"知己知彼,百战不殆",对于任何一个想要借助路演来获得成功的人来说,在真正进行路演之前,搞懂路演是什么,是非常有必要的。

那么,到底什么是"路演"?我们又为什么要进行"路演"呢?接下来,我们就要揭开"路演"的神秘面纱,窥探路演的真实面目,为了让路演更好地服务于我们的宣传推广与销售活动而做好充足的准备。

到底什么是"路演"

路演是商业活动中经常出现的一种吸引投资者赞助的方式。结合路演展开产品营销或者是拉取潜在投资者的赞助,往往能够取得不错的效果。那么,到底什么是路演呢?

顾名思义,路演就是在马路上进行表演。路演最早出现的时候是在美国华尔街,一些股票经纪人为了说服别人来买他们的股票,站在马路上大声地宣传

第一章
路演，不只是一场演说

和吆喝，以达到吸引购买者的目的。后来，这种交易慢慢转入了股票交易大厅。现今虽然有了比较先进的电子交易手段，但是，路演这个特殊的吸引交易客户的方式还是被保留了下来。

直到现在，一些股票交易现场仍旧可以看到早期路演的痕迹：嘈杂的大厅中，有一个讲台，主持人在那里扯着嗓子高声叫喊。虽然不再是在马路上，而是转入了大厅里，但是，本质上它仍旧是一种推介活动。目前，这种路演的形式已经成为国际上发行股票最普遍的推广方式。

随着商业活动的不断向前演进，路演这种广受欢迎的推介形式逐渐被移植到了企业宣传推广上来，并且路演的形式也变得越来越丰富多彩，比如，企业产品发布会、媒体发布会、产品展示、产品试用、产品特卖、现场咨询、有奖问答、文艺表演、游戏竞技等等活动形式，与顾客交流的形式多变。此种路演的形式往往能够在活动之中潜移默化地扩大企业的知名度，成为群众比较认可的一种宣传推介形式。与那些动辄上百万的广告投入相比，多种形式的路演所投入的费用相对而言要少很多，其经济实用的特质，更是受到广大企业的由衷推崇。

了解了路演是什么，那么，我们该如何配合活动，精心策划成功的路演呢？有以下一些关键点需要注意：

一、选择恰当的时间与地点

在何时、何地展开路演活动，这很关键。有时候甚至可以直接影响路演活动的成败。一般说来，路演时间、地点的选择，主要取决于企业目标受众与目标受众的活动习惯。比如，中国移动通信在推广动感地带活动套餐时，所选择的地点大多是大学的校园。

二、营造热烈的活动氛围

对于任何一场路演活动而言都是参加的人数越多，场面越热烈越好。既然如此，怎样才能吸引到更多的人来参加活动呢？

路演商战

　　这就要求活动的主办方一定要花费一些心思来布置路演的活动现场。

　　首先，活动的现场必须有吸引力，要用气球、彩带、音响来营造热闹的气氛。

　　对于那些产品展销类的路演，在活动开始之前，先进行一段精彩的表演，往往能够取得不错的造势效果。比如，如果活动所要推介的产品是针对老年人的，则可以为观众献上一段京剧表演；如果活动所要推介的产品是针对年轻人的，则可以来一段年轻人喜爱的街舞。

　　当把人聚齐之后，主持人再介绍企业、产品，展开这次活动的目的，就能赢得一个开门红。在演出进行的时候，工作人员还可以到人群中去散发一些企业宣传页，或者是穿上卡通形象的衣服在周围行走，吸引人们的注意，从而最大程度地将人们聚集到一处，引爆气氛，将活动推向高潮。

　　当然，这些路演的准备活动也不可太过单调，内容一定要新颖，如果总是唱唱歌、跳跳舞，没有新意的话，观众看得多了就会麻木，反而难以取得较好的预热效果。

　　三、确定一个鲜明的活动主题

　　不管路演采取的是哪种形式，其根本目的都是为了推广企业的产品和品牌。所有的活动，最终都是为提升企业知名度服务的。这就要求活动主办方在进行路演之前，一定要给自己的品牌树立一个鲜明的主题，这样才更有利于品牌的传播。

　　活动主题是路演的灵魂，只有确立了主题，才能保证所有活动的细节都围绕着这个主题展开。比如，企业进行路演的目的是为上市做准备，企业在进行路演时就需要时刻谨记，路演主题不可偏离了路演的目的。在路演时，一定要讲到企业的优势、盈利模式以及企业能为投资者带来什么好处。只有路演的主题不偏，才可能始终吸引观众的注意力，最终达到预期的路演目的。

第一章
路演，不只是一场演说

你为什么要举办"路演"

我们现在还需要明确一个问题，那就是，我们为什么要进行"路演"？对于不同的企业而言，进行路演的目的各有不同，有的是为了融资；有的是为了推介自己的产品；有的则是为了上市；有的很可能只是为了公益；有的则是为了招商……

搞清楚自己的路演目的，然后有针对性地策划路演，才可能让路演成为企业成功的助推器。

路演的目的不同，在进行路演的时候，所需要做的准备工作也不同。

一、招商路演

招商路演顾名思义就是达到吸引分销商的目的。一般说来，想做好招商路演，需要做这样一些准备工作。

首先，就是造声势。这一点很好理解，你只有把声势造出去了，才能吸引人们的关注，只有别人对你的产品或者是企业的关注足够大，才可能吸引别人的加盟。造声势的方法有很多，最常见的方法有：发传单、铺货、陈列。

发传单主要是达到两个目的，一是让消费者知道自家产品的特点；二是让经销商了解到有这样一个产品上市。前期宣传做好之后，就是铺货。铺货的目的一方面是让消费者能够买到，另一方面则是让经销商能够买到。在路演过程中，铺货是非常关键的环节，只有企业的铺货到位，才能真正吸引商家，进而达到招商的目的。最后则是陈列。陈列产品可以帮助销售点把更多的信息传递给消费者。比如，一些企业在帮助经销商陈列的时候，会在进货多的"二批"的门口建立大的"堆头"，在小经销点上也会进行单品的陈列等，不会放过任何一个能够陈列产品的机会。

从发放传单、铺货再到陈列，形成了一个完整的系统。假如路演招商是一场戏，那么从发放传单到铺货再到陈列则是产品上场进行表演的过程。这个表演是给经销商、"二批"以及终端观看的，表演成功与否，直接决定了招商的结果。

其次，就是找目标。招商路演目的性很强，就是要引起别人的关注，获得经销商的认可。在这个阶段，企业的工作重心应该变为甄别经销商与确定经销商。一般来说，经销商的渠道来源主要有三个：一个是主动联系企业的；一个是企业自己发现的潜力股；最后一个则是由别人推介过来的。

如果能够抓住这样两个重心，就能够保证路演的效果最佳。

二、产品推介路演

产品推介路演一般是在城市比较繁华的地段，比如超市、商场等人群密集的地方，利用一些比较博人眼球的节目吸引人们的注意，在表演的过程中不断加入对产品的介绍，达到大范围宣传推广产品的目的。

对于一些新兴的初创企业而言，在没有雄厚的资金投资广告的情况下，精心策划一场产品推介路演，既能起到一定的宣传推广作用，又能减少企业的资金压力，是企业的不二之选。

三、上市路演

很多企业在发展到一定阶段的时候，就会计划上市。而上市之前，不少公司都会公开发行股票，这个时候就需要路演来为公开发行股票宣传造势。比如，阿里巴巴公司上市之前，马云曾经在美国纽交所发表了公开路演，在马云这位演讲大师出众的口才游说下，仅仅两天之后，阿里巴巴的计划募集额度就达到了足额认证。如果把路演比作预售，阿里巴巴其实在两天之内就销售完了计划两周售完的订单。这就是路演的惊人威力。

四、融资路演

融资路演很好理解，就是创业者为了获得创业启动资金或者是后续的发展资金，向潜在的投资者进行演说，进而达到获取资本的目的。

第一章
路演，不只是一场演说

在大众创业、万众创新、互联网高度发达的今天，融资路演变得越来越频繁。几乎每一天都会有很多的融资路演上演。当然，创业者千千万万，想要融资路演获得成功，也并不是一件轻松的事情，这里面也有很多的学问。

融资路演有的是个人发起；有的则需要借助平台；有的可能只融资一轮；有的可能会持续融资A轮、B轮、C轮、D轮……

如果企业能够在最需要资本注入的时候，成功获得融资，就能助力企业更好的起飞。

路演的三大本质

路演的本质是什么呢？著名的创业导师马强认为，路演的本质其实就是做仪式、讲故事、传精神。仪式是文化的载体，故事是价值的化身，而精神则是信念的终极。

做仪式：仪式是文化的载体

什么是仪式？对中华民族这个礼仪之邦来讲，仪式其实并不陌生。从古代的结婚仪式、祭祀仪式，到现在的开业仪式、剪彩仪式，各种各样的仪式可谓是五花八门。

仪式是文化的载体。不管是人的生、老、病、死，还是战争、竞争、商业活动都有一个自成体系的仪式。那么，仪式到底是什么？从严格的意义上讲，就是一件事情，从开始到结束，需要接受的步骤以及需要完成的动作。

古代举办的一些仪式往往会以故事的形式流传下来。当一个国家，一个企业的文化力量特别强大的时候，它进行仪式时所带来的仪式感往往也会特别

第一章
路演，不只是一场演说

强大。

做仪式有三个核心关键词：信任、荣誉、尊重。在我们印象中，最典型的仪式当属古代的成亲仪式了，繁文缛节，数不胜数。当然，这也显示出古人对成亲仪式的重视。结拜、祭奠、生死、胜利等等情况也都有各自的仪式，只有我们想不到的，却没有仪式涉及不到的。

那么仪式与路演究竟是怎样的关系呢？这需要从路演结果与路演本质的关系说起，路演的结果与路演的本质有着最直接的关系。路演最关键的结果有三种：吸引、相信、跟随。从路演的本质来说，做仪式产生吸引、讲故事产生信任、传精神产生跟随。

对于企业而言，在进行商业活动的时候，想要成功吸引别人的眼球，仪式是不可缺少的。在商业活动中，最常见的仪式有这样九种：创始仪式、就职仪式、转正仪式、授奖仪式、合作仪式、开工仪式、完工仪式、纪念仪式、告别仪式。九种仪式承载着企业路演吸引观众的重任，最终使得企业商业路演活动成功达到目的。

一、创始仪式

创始仪式是企业创建之后必须要进行的一种仪式，一些大型的企业在创建之初，往往会举办比较隆重的创始仪式，为的就是快速吸引各界的目光，同时让自己的员工产生一种依附感。创始仪式最大的意义，就是能够让大众以及员工对企业产生一定的信任。

二、就职仪式

就职仪式也是商业活动中常见的一种仪式，就职仪式一般是发生在企业员工的就职与交接上，在商业仪式中也比较常见。一些较为知名的企业，聘请了优秀的人才，往往也会举办有影响力的就职仪式。就职仪式最大的意义就是使员工对企业有一定的责任感。

三、转正仪式

转正仪式，简单说来就是从试用转为正式时的仪式。企业举办转正仪式，很大程度上就是为员工塑造一定的归属感，体现的是对在职员工的尊重，从某种意义上讲也是对在职员工的一种褒扬。企业举办这样的仪式，其实也是在向社会大众推介自己的企业。

四、授奖仪式

日常生活中，授奖仪式其实也比较常见。在电视节目中，我们也经常能够看到各种类型的授奖仪式，比如，《感动中国》授奖仪式、"××之星技术大赛"授奖仪式。部分授奖仪式虽然表彰的是个人，实则却是为优秀员工所在企业服务的。授奖仪式最本质的意义就是体现出了一种人本文化。

五、合作仪式

在重大的商业活动中，一家企业与另一家企业合作，就某个合作事项达成共识之后，往往会签署合作协议。比较正式的一些企业还会举行新闻发布会，向外界更好地宣传双方的合作。合作仪式实则是对价值文化的一种认同。

六、开工仪式

某个工程或者项目开始之后，会举办开工仪式。企业开工仪式实则是一种激励文化。激励项目执行者可以将项目完成得更好。比如，一些建筑公司在举办开工仪式的时候，经常会有剪彩等活动。开工仪式举办得越轰动，承建公司的知名度也就会被传得越响亮。

七、完工仪式

完工仪式在日常的商业活动中也非常常见。比如，一些建筑工程在完工之后，经常会有一个竣工典礼，其中包括揭碑、参观等活动。和其他仪式相比，完工仪式实则是要发挥一定的榜样作用。

八、纪念仪式

纪念仪式在生活中也很常见。比如，有的夫妻非常重视结婚纪念日，在结

第一章
路演，不只是一场演说

婚纪念日的时候，就会精心准备一些活动，来纪念这个特殊的日子。纪念仪式所具备的意义，其实就是建立一定的荣誉感。有些企业也会借助这个特殊的仪式来进行商业宣传与活动。比如，某些大型的商场、超市在创建周年之际，往往就会举办纪念仪式。在商场或者是超市的门口搞一些活动，以此吸引顾客的眼球，达成促销的目的。

九、告别仪式

告别仪式在生活中也很常见，毕业、退伍、离职等等都可能会有一个告别仪式。告别仪式所承载的是一种尊重，是一种情感的力量。

以上所述就是企业的九大商业仪式。在日常的商业活动中，企业如果能把这九大商业仪式做好，那么就能够成功达到吸引各界目光的目的，不管是吸引经销商，还是吸引消费者甚至是吸引投资商。如果企业能够将这九大仪式巧妙地融入到企业的商业路演之中去，所取得的效果往往也会是惊人的。

讲故事：故事是价值的化身

每一个路演高手，其实都是非常擅长讲故事的。对于商业路演活动而言，故事是价值的化身。为什么这么讲呢？这是因为，故事是最容易打动人心的。每一个故事的背后，都有着让人可以参考的价值。因此，我们说故事是价值的化身。除了仪式，世界上第二类容易被流传下来的事物就是故事，比如，如今我们津津乐道的《精卫填海》《白雪公主与七个小矮人》等故事，每个人几乎都能讲个大概。

我们可以看一看马云的路演历程。在马云进行路演演讲的时候，除了讲故事，还是讲故事。"十八罗汉"跟随他创业的故事，在他多次路演之时都曾被提及。

路演商战

创业者如果能够讲一个自己的故事，这个故事能够反映其创业过程中企业从无到有、从小到大，乃至反败为胜的种种细节，这样的路演活动往往令人难忘。不管是哪类创业者，这样的故事一定有一两个，甚至更多。通过这些故事，听众们能够看到创业者的成长、转变。因此说故事最常见的价值是：成长、转变。

任何一个企业都有自己的故事，我们将这些故事分门别类，梳理出最常见的十类商业故事。

一、创业故事

阿里巴巴的创业教父马云就是一个故事高手，"十八罗汉"与他一起创业的故事被他绘声绘色地讲述了一次又一次。而阿里巴巴在纽交所敲钟上市的时候，马云更是请了八位身份各异的敲钟人来讲述他们的故事。

在纽交所现场，马云这样说，"我们奋斗了这么多年，不是为了让我们自己站在这里，而是为了让他们站在台上。"现场共有八位敲钟人，分别是两位网店店主、一位快递员、一位用户代表、一位电商服务商、一位网络模特、一位云客服，还有一位则是美国的农场主皮特·维尔布鲁格。

上市敲钟是最隆重的庆祝仪式，阿里巴巴却选择以这种独特的敲钟方式在世人面前亮相。

如果我们用心就可以发现，马云在挑选这些敲钟人的时候，也是在精心挑选故事。用这八位敲钟人的故事来感染更多关注阿里巴巴的人。

毫无疑问，故事是最能引发人的共鸣的。创业者通过讲述创业故事能够让听众在倾听中更加了解企业，对企业给予更多的关注。

二、榜样故事

从小到大，我们对榜样故事并不陌生，榜样故事也是随处可见。创业成功

第一章
路演，不只是一场演说

的楷模榜样、精诚助人的善心榜样，有榜样的存在，才能更好地激励他人。

在"大众创业、万众创新"的时代，很多人在移动互联网领域创业，也有很多人在这个领域获得了成功。比如，在智能手机市场迅速崛起的小米科技。

小米科技的创始人雷军就是一个非常会讲故事的人。从小米创立开始，雷军就始终以乔布斯作为自己的榜样，以打造中国的苹果手机为目标。这就让所有与小米有过接触的人都有了这样的认知：小米是一家专注于做高性价比智能手机的企业。

在雷军不断向别人重复自己的故事的时候，其实也在一遍又一遍地推销着小米，推销着自己。而这无疑就让小米赢得了更多投资者的关注，为创业成功增加了很多有利的砝码。

三、平凡的故事

平凡的故事最常见也最动人，在企业发展壮大的过程中，平凡的故事发生的最多。平凡的故事所反映的是企业发展的一种常态，所展现的是企业的旺盛生命力。平凡的故事往往具有强大的传播力。比如，某个动漫APP创始人，就曾讲述自己的创业历程：

她出身普通家庭，母亲患有心脏病，父亲丧失劳动能力。她依靠勤工俭学上完大学，利用自己的爱好收获了第一桶金，然后执著于自己的梦想，最终创办了公司，研发出了动漫APP。她为自己的经历绘制了一组漫画，名为《对不起！我只过1%的生活》，这组漫画在网上发布后，被大量转载，其公司所研发的APP也被大量下载。

这样的故事虽然很平凡，但是却很接地气，受众很多，传播很广，造成的影响力也是不可忽视的。

四、见证故事

商业故事中的见证故事有很多,可以是自己的见证故事,也可以是朋友的见证故事。见证故事体现出来的是一种舍我其谁的精神,有一种奉献精神在里面。这样的见证故事,往往比单纯地推介和宣传更具有说服力。

五、成功故事

世界上没有什么能比成功故事更能打动人、激励人了。如果在商业路演环节中能够讲述一些成功的故事,无疑非常振奋人心,让那些关注企业的人拥有更强的信心。

比如,很多路演者在进行融资路演的时候,在PPT展示环节都会加入一些企业所取得的成绩以及创业者的荣誉成就等。这其实就是在向投资者展示企业的成功故事,赋予投资者更多的投资信心。

六、失败的故事

当然,企业在创业的过程中遭遇失败的时候可能会更多一些。这样的故事也可以适当讲一些。对于企业而言,失败的故事能够帮助企业铭记教训,让企业少走一些弯路。同时,在商业路演之中谈及这些失败的故事,也可以让投资者了解到你已经积累了丰富的经验,而这都是其他创业者没有的宝贵财富。

七、专注的故事

专注的故事可以理解为企业专注,也可以理解为员工专注。当然,不论是企业专注还是员工专注,所传达出来的都是一种精神,一种如痴如醉专注于某项事业的精神。比如,腾讯几十年如一日专注于社交;阿里巴巴始终如一专注于电商;360专注于网络安全等等。

不管是一个创业者还是一个企业,有了专注的精神才可能将一件事情做好。所以,专注的故事,也是为商业路演活动加码的重要一环。

八、坚持的故事

坚持的故事与专注的故事有些相仿,但前者是侧重于时间,后者则是侧重于空间。因坚持而终获成功的故事相对来说很少，也正是如此坚持的故事才显得弥足珍贵。这样的故事值得去讲，也值得流传。

比如，锤子手机的创始人罗永浩就是一个讲故事的高手，《一个理想主义者的创业故事》《我的奋斗》《生命不息、折腾不止》等故事将一个青年逆袭的故事讲了一次又一次，而这些故事一次又一次地刷爆了朋友圈，这在一定程度上提升了锤子手机的销量。

九、创新故事

说到创新故事，我们必须要提到的一个人就是乔布斯。乔布斯之所以会受到世人的尊崇，很关键的一点就是因为其具有创新精神。不论是苹果手机的简洁页面风格，还是苹果手机的一键智能操作，都体现了一种创新精神。

十、未来故事

未来故事是对企业未来的一种规划。企业在进行商业路演的时候，如果能够很好地向听众展示自己的未来，展现出企业的优势以及未来发展的机遇，就能很好地吸引投资者的关注与支持。

以上十类商业路演故事，是企业传递自身价值最佳的载体。当我们能够将企业故事绘声绘色地讲出来的时候，我们就是企业中的强者。在商业路演活动中，讲故事这一环节是非常重要且不可或缺的。不管是强调企业的价值，还是产品的价值，只要通过讲故事的方式传达出来，厚积薄发之下，就一定能够取得圆满的结果。

传精神：精神是信念的终极

路演的最高境界就是能够在不知不觉间将企业的精神传达给更多的人。很多人提到精神这个字眼的时候，往往觉得是只可意会，不可言传的。

精神有这样一种神奇的影响力。当我们的内心想要去做一件事情的时候就会产生一种强烈的信念，当这种信念足够强烈的时候，我们就会将这种精神释放出来，精神则会升级为信念。

世界上最能产生精神的三个字就是"我相信"。现实生活中，我们往往会相信自己、相信企业、相信员工、相信别人。"我相信"，往往能够激发一个人最大的潜能，创造奇迹。

我们在商业路演活动中要做的事情，就是能够让听众产生这种"我相信"的精神。"我相信"就好像是一粒种子，一旦在听众的心里生根，就总会发芽，如果听众能够坚定这个信念，种子越强大，信念就会越强大。

曾经有人问过我："你是中国最杰出的潜能导师吗？"这个问题就是那粒种子。每当我觉得自己走不下去的时候，我就会问自己，你能不能成为中国最杰出的潜能导师？一直以来，我都将"成为中国最杰出的潜能导师"当成自己的奋斗目标，不断地反省自己。哪方面有所欠缺，我就会努力地朝着那方面去努力。

种子精神是一种加持精神，需要别人给予。对于创业者而言，给予我们这种精神的人，可以是我们的朋友，也可以是我们的亲人。而我们在进行商业路演活动时，同样也可以将这种精神给予别人。

传精神既是信念的终极，也是企业最重要的第三大能量——重生的能量。当我们的企业在经历了从生到死，从顺境到逆境的过程，我们需要种子的精神以及加持的能量来转败为胜。

综上所述，我们不难总结出这样的结论：仪式是文化载体，故事是价值的化身，精神是信念的终极。简单说来，路演的本质就是做仪式、讲故事、传精神。

做仪式想要达到的结果是吸引；讲故事想要达到的结果是使人相信；传精神所要达到的结果则是使人跟随。使人被吸引、相信、跟随就是商业路演活动

第一章
路演，不只是一场演说

所期待的最佳结果。

  在做完仪式、讲完故事、传达精神之后，接下来就是不断地重复与循环。在创业这条道路上，难免会有巅峰和低谷，但是我们要相信，不论是巅峰还是低谷，总归是要向前发展的。我们接下来要做的，就是做更出彩的仪式；讲更精彩的故事；传更强大的精神。唯有如此，每一位充满希望的创业者，才可能在路演活动中收获圆满的成功。

"路演精神"是路演的灵魂

路演是需要一点儿"精神"的,就像人一样,只有拥有了那一点儿"精神",才可能拥有灵魂。整个路演活动才可能变得具有生机与活力,更加能够吸引人、激励人,进而达到预期的路演效果。对于商业路演活动来说,不仅需要技巧,更需要精神。

"路演"不仅需要技巧,更需要精神

市面上有很多书籍,以及很多导师演讲的课程,在讲到路演这方面的知识时,最常提到就是路演技巧。

不可否认,路演技巧对于商业路演的成功具有非常重要的作用。但是,我们要知道,如果路演仅讲技巧的话,很可能会有投机取巧之嫌。对于那些投资经验丰富的投资者而言,仅凭技巧是不能让他们买单的。

尤其是在当下这个时代,路演活动几乎天天都在上演。而不少创业者也已经意识到自己乃是"创意的巨人,项目路演的矮子",因此,他们都在加大力

第一章
路演，不只是一场演说

度学习路演技巧。随着越来越多的创业者掌握了纯熟的路演技巧，想要从竞争激烈的路演项目中脱颖而出，变得更加困难了。

在路演高手云集的时代，如何从众多路演竞争者中突围，成为了最需要我们思考的问题。

以项目路演为例，创业者的路演时间一般只有十几分钟，在这十几分钟之内，我们需要描述自己的团队；展现自己的项目优势；回答投资者的提问等等。在这十几分钟的时间之内，任何一个环节都可能会影响到投资人的投资决策。

当然，那些真正有经验的投资人往往不会有太多的耐心去听完创业者全部的故事。他们作出一个投资决定往往是三五分钟的事。正是如此，创业者更需要掌握在短时间内与听众产生共鸣的技巧。

作为一名创业导师，我在指导一些学员学习路演课程的时候，经常会这样告诉他们："路演最大的技巧，其实就是要有路演精神。一场有了精神的路演，才算是有了灵魂。只有拥有灵魂的路演，才可能真正引起听众的共鸣。"

如何赋予自己的路演以精神，有路演高手这样说："讲故事是路演过程中每个人都会使用的一种技巧。讲故事的过程，其实也是一个说服的过程。想要把故事讲好，其实比想象的更难。故事大家都爱听，但是通过故事，我们想要传达的是什么，一定要搞清楚。讲故事不等于逐条列项，故事都是有情感的，我们通过故事是要传达我们做产品的态度、情怀，即你做的是什么，为什么要这么做，你的目标是什么。"让自己的故事具有了温度，拥有了情感，让更多的投资者被你感动，你的路演就已经具有了一定的精神温度。

一位曾多次参加项目路演的创业者表示，他已经越来越清晰地感觉到了通过故事来赋予路演精神的重要性。

在路演的舞台上，创业者展现给观众的不仅仅是路演项目，更是创业者这个人。你这个人是否可信、可靠、可重托。很多创业者已经渐渐意识到了这一点。一位创业者就曾这样说："在进行项目路演的时候，你一定要表现出充足的自信。也许，你的企业正遭遇发展的瓶颈，也许你的企业正承受着巨大的困难，但是，不要总是跟别人提你有多难。如果你对现在的局面都没有信心，又怎么可能会打动合伙人、投资者？与其说那些困难，还不如充满激情地去描述一下你项目的发展前景"。

当一个创业者有足够自信的时候，他所展现出来的精神会让人折服。当一个创业者信心十足的时候，他在讲述自己的创业故事时，也会是认真而专注的。他的产品、他的发展模式、他的团队、他的自我精神以及他的梦想就能获得最大程度地展现。

马云在美国进行路演时，曾这样开场："15年前，我来美国要200万美元，被30家VC拒绝了；我今天又来了，就是想多要点儿钱回去"。马云的开场白幽默风趣，但这何尝不是其自信的彰显呢？

阿里巴巴从当初杭州湖畔的一个小公司，发展成如今电商界的著名企业，其间经历了很多次路演。而这些路演之所以能够取得比较不错的成效与马云这个路演高手息息相关。就是凭借着一次又一次将自己的梦想传递给更多的志同道合者，阿里巴巴的融资规模越来越大，创业团队越来越强，最终成就了阿里巴巴的宏图伟业。

无法否认，马云的每一次演说都非常精彩，马云的每一次演说都能够引起人们极大的共鸣，进而激发起人们内心的一种参与冲动。

通过分析马云多次路演经历和研究马云的路演讲稿，我们不难发现，马云的路演是有灵魂的，而有灵魂的路演，又怎么可能会不成功呢？

那么路演的灵魂究竟是什么？能见度、清晰度与温度，是企业走上路演舞台的"三个度"。能见度，就是要让投资者看到行业的未来或者是企业的未来。清晰度，就是让投资者不仅能够看到企业的未来，还能知道企业能不能更好地走向那个未来。当我们赋予了路演能见度与清晰度，我们这个人其实也就已经拥有了温度。不管对企业还是对个人，能够带给他们温度的，只有企业家本人。

第一章
路演，不只是一场演说

只有企业家本人拥有了温度，你才能感染更多的观众，完成一场精彩的路演。

拥有"路演精神"三个必备要素

想要赋予路演一定的精神，就必须要知道路演精神的三个必备要素。对于所有路演创业者而言，若是缺失了这三个要素，那么，路演就不可能圆满成功。

那么，路演精神必备的三个要素是什么呢？是承担、分享、超越。

承担责任、分享价值、超越自我，这才是路演精神的精髓。作为创业者不仅仅要有路演技巧，更需要有路演精神。

企业需要商业精神，因为商业精神能够帮助我们，以社会的力量规范企业，承载起规则下的厚重。而企业家，一定要有路演精神。

一、承担

用贴合我们日常生活的例子来说，承担就是你长大以后要常回家看看；承担就是你结婚以后，去哪里要跟妻子报备；承担就是当你有了孩子，每晚要给他讲睡前故事；承担就是当你工作之后，了解项目的每个细节；承担就是当你创办了企业，知道员工的难处在哪里；承担就是当你成功以后，知道不能让残次的产品流入市场；承担就是有条件要上，没有条件也要上。

简单说来，承担就是我们自己无法推卸的责任，不管是对个人还是对社会，我们都有着无法逃避的责任。承担责任是每一位企业家的义务。企业作为社会的一部分，将企业经营好就是为社会作贡献。企业想要走上路演的舞台，就一定要有所承担，没有承担的企业，无法成长为一家伟大的企业，也不可能走得更远。

比如，腾讯的企业愿景就是要成为一家"受人尊敬的企业"，阿里巴巴的企业愿景就是"让天下没有难做的生意"。它们的企业愿景都体现着一定的社会责任，故而，在它们不断发展壮大、融资、找合伙人的过程中，就有人愿意为它们的愿景买单。

二、分享

分享是最好的学习，对于任何一个人来说，会分享收获最大的一定是自己。在创业的初始阶段，将自己的创业梦想分享出去，你能收获合作伙伴；在商业路演之时，将自己的创业经历、创业故事分享出去，你能收获投资人的青睐。分享的越多，收获的也就越多。不要害怕分享自己的想法，对创业者而言，你分享出去的价值越大，对别人的影响越大，你所能获得的回报就越大。

三、超越

超越有两层含义，一层是超越别人，另一层是超越自己。超越别人是人生的赢家，超越自己才是人生的强者。超越别人比较容易，超越自己则比较困难。比如戒烟，你今天比昨天少抽了一根；企业生产产品，今天比昨天多生产了一个；导演拍电影，这一部比上一部更叫座，就是超越自己。超越说起来简单，但是做起来并不容易。这需要自己有严格的自律意识。比如，我每次在讲课之前，都会对课件进行相应的梳理，添加一些新内容，调整组织架构，让课件更能满足当前的需求。

企业如果都能拥有承担、分享、超越这样的精神，那么，这样的企业就是有生机的企业，这样的企业就会一直大步向前发展。

案例1：马化腾对话百位记者

马化腾对话百位记者实录（摘录）：

在创新方面

以微信为首的在做O2O连接器，三年前我在其他场合提出，用微信的

第一章
路演，不只是一场演说

"扫一扫"和"摇一摇"代表视觉和触觉可以看到很多周边的情况。有传感器、摄像头等等，这个和过去的互联网时代有很大的区别。它是可以和传统线下很多公共服务连在一起的。比如说实时公交领域，还有很多天气，我们用手机微信建立很简单的一个连接点。

互联网战略

互联网的很多行业过去已经很成熟了，比如说互联网通讯，这个已经是非常成熟了。运营商越来越意识到是鱼和水的关系。数据业务的流量是大大增长，但是会有阵痛。移动互联网其实就像电一样，过去有了电，很多行业都发生了翻天覆地的变化，现在有了移动互联网，这个领域里面怎么用好移动互联网，用好其他的应用场景的产品。我相信甚至以后的工业、农业都可能用移动互联网。

如何看待中国的创新和创业的能量

全球来看，科技的发展，包括互联网很多新的模式，中国产业或者全球其他国家也都是在跟随，因为毕竟很多领域是美国最早出来的。包括芯片，这个是没有办法的。因为我们有庞大用户和丰富的应用场景。在互联网方面，包括在社交领域方面，移动互联网会看到像微信等全球四大移动微信类的产品三家在亚洲。

这方面还是任重道远，随着我们的产业、我们的产值越来越大。未来我们有收入利润的水平，能够买到更多的人才，更好的全球资产，未来的创新是有很好的基础的。但是这个还要一步一步来。

（注：以上内容摘自2015年两会马化腾对话记者实录）

在马化腾对话百位记者的实录中，我们可以看到，他对于移动互联网行业的了解非常深刻，对于腾讯公司的现状和未来发展的把控也是可圈可点。在面对记者时，他的回答简洁有力，总是能够深入浅出地将问题解释清楚，可谓言

路演商战

简意赅、恰到好处。

在路演时，我们的话语内容会直接影响到听众。如果我们无法精准地表达自己的想法，听众就会变得不耐烦起来。而如果我们能够做到像马化腾那样，对于公司和行业的事情了然于胸，在路演时表现得非常从容，并且言简意赅地将公司的现状和未来呈现在听众眼前，听众就会感到很满意，对你和你的公司都会产生很好的印象。

02 第二章
路演成功的八大细节

路演是一门学问，对于创业者而言，精通了这门学问就能更好地完成融资；对于策划上市者而言，搞懂了这门学问就能更好地销售自己的股票；对于企业发展而言，掌握了这门学问，就能更好地完成招商以及产品销售等等事项。这门学问主要包含八大细节，这八大细节是企业路演成功的前提条件。想要路演成功，就必须在这八大细节上下足功夫。

放大愿景，让愿景吸引投资者

愿景是什么？对创业者来说，愿景就是指引他前进的灯塔，有了愿景，在创业的路上，才能勇往直前；对于投资者而言，愿景就是吸引他目光的焦点，有了愿景，他才愿意为创业者的项目买单。

正是因为这样，创业者在进行创业或者进行路演之前，就一定要为自己树立起一个强大的愿景。告诉你的合伙人，你想要把他们带到哪里去；告诉你的合作者，你能为他们带来什么；告诉你的投资人，你公司的未来在哪里。

人得有个奋斗的目标，生活才能过得充实、有意义。创业过程中也是如此，你只有学会树立愿景、放大愿景，才能吸引来更多的志同道合者，为了实现你们共同的目标而努力。

提起苏格拉底、林肯、甘地等等知名人物，我们总是印象深刻。在这些领袖级人物的一生当中，演说总是必不可少的内容。他们向周围的人传递信息、思想、见地的时候，表现得总是那么卓尔不凡，显得比常人高出一筹。

他们高明在哪里？就在于他们非常善于用愿景来吸引别人。这些人在发表演说的时候，最先关注的是思想，而不是现在的行动。他们非常善于传达基于自身信念的人格魅力与情怀，激励更多的听众与之产生共鸣。

第二章
路演成功的八大细节

我们可以看一看路演高手都是怎么做的。

乔布斯：

这一天，我已经期待了两年六个月，每隔一段时间，就会有一个革命性的产品出现，然后改变一切……今天，苹果要重新发明手机。（2007年，iPhone4发布会现场演说）

马云：

十五年前，在我的公寓里，十八位创始人有一个梦。这个梦想就是，某一天我们能创立一个公司，为成千上万的小企业主服务。这个梦想从始至终都没有改变过：让天下没有难做的生意。（2014年，阿里巴巴赴美IPO上市路演）

马丁·路德·金：

一百年前，一位伟大的美国人签署了解放黑奴宣言，今天我们就是在他的雕像前集会。这一庄严宣言犹如灯塔的光芒，给千百万在那摧残生命的不义之火中受煎熬的黑奴带来了希望。它的到来犹如欢乐的黎明，结束了束缚黑人的漫漫长夜。（1963年，林肯纪念堂前的演讲）

从上面这三位演说高手所发表的演说中，我们不难总结出这样的结论：不论是在商业活动，还是在政治活动中，想要成为行业的领袖或者是有领袖潜质的创业者，总少不了一种让人无法抗拒的激情演说模式。

这种模式大多包含这样三个方面：

（1）一个核心：能够引起共鸣的信念。

（2）一个方法：如何做。

（3）一个愿景：我们一起来做。

那些令人振奋与鼓舞的商业领袖首先会告诉我们，他为什么要做这件事，也就是会向你传达一个信念，然后才会谈论怎样做以及产品是什么。现实生活中，更多的人也愿意去追随那些有信念的人。

对于商业路演来说，愿景同样也不可少。你需要树立一个足够吸引人的愿景，告诉你的投资人，你想要把公司带到哪里去，这一点很重要。

但是，很多初次创业的人，通常愿景都非常小。在"要求"投资人掏腰包的时候有点儿理不直、气不壮。很显然，这样的路演，无论是从情感还是气势上都无法打动人。所以，我必须要提醒广大的创业者，只要你的愿景是合理的，那么，就请你将它"放大"，让它变得更加吸引人。

不可否认，有些人在"放大"自己的愿景时，会觉得有些紧张，有一些负罪感，甚至是有一些不安。但是，只要你坚信自己的愿景一定会实现，当你习惯去放大自己的愿景之后，你就会发现，一旦你的愿景足够强大，那么你就会拥有更加强大的前进动力。

不管是马云、马化腾，还是周鸿祎、雷军、李彦宏，这些成功的企业领导人，在创业之初，都有着常人无法比拟的强大信心，以及对企业未来发展的伟大愿景。正是这些愿景给予了他们克服困难的勇气，一步一步地走到今天，成为了互联网行业里当之无愧的巨头企业。

第二章
路演成功的八大细节

资金分配方案不详细将切断融资之路

路演过程中,向投资人明确解释资金的分配问题,可以让投资人对你的创业计划更清楚,对你的盈利模式更了解,而这些都是路演成功不可忽视的细节。

每天都会有很多的企业进行商业路演,也会有很多的企业开始进行创业融资。但是,在这个大的创业环境下,发起融资的人很多,而真正融资成功的人却很少。

易天使投资合伙人陈磊曾这样陈述天使投资领域的现状,天使投资领域的现状是参与的人不少,但赚钱的天使投资人却很少。陈磊还粗略地打了一个比方,如果说有100人进行投资的话,那么真正赚到钱的只有5%,这5%的人很可能赚到了几十亿上百亿美金,还有5%的人可能只是略微赚一点儿钱,甚至勉强只能保本,剩下的90%则血本无归。

在这样的现状下,投资人的钱会轻易出手吗?显然,投资人在选择投资项目的时候一定会精挑细选。所以,创业者拿到天使投资的概率也非常低,一般只有几十分之一甚至百分之一。

与此同时,在国内创业成功的概率也并不是很高。根据权威部门的统计,中国有3000万家中小企业都是注册的法人企业，3000多万家企业中能够走到上市这个阶段的概率只有千万分之几。这个数字并没有任何夸大。所以，我们可以肯定一点，想要从天使投资人手里拿到资金，并不是一件容易的事情。

在这种严峻的形势下，想要让天使投资人对你的项目买单，你就一定要清楚地让对方知道他们的钱会被花在哪里。如果你不能让投资人清楚地知道自己的钱将会被花在哪里，就会很可能切断自己的融资之路。

绝大多数投资人在进行投资的时候，会主动询问创业者将会如何使用这笔资金。这时候创业者该如何做，才能妥善地应对投资人的问题呢？最聪明的应对方式就是为对方列出一个详细的财务消费规划，最好将你的规划蓝图列到三年以后。这个蓝图需要包括运营成本、收入增长、利润以及潜在利润（见图2-1）。

图2-1 财务消费规划图

假如，你能够清楚地说明每一个部门或者是每一个商业项目将会如何使用资金，这对你获得投资人的信任将会非常有利。此外，如果你能够对你的资金使用情况进行一个精准的财务预测，也可以帮助你规避一些风险，同时也会为你的项目加分。凡是投资者都不愿意承担很大的风险，所以，若你的项目既能让投资者看到希望，又能极大地规避风险，无疑就能获得投资人的青睐。

什么样的资金使用规划才是最受投资人认可的呢？也许我们对下面这样的

第二章
路演成功的八大细节

场景并不会感到陌生。当投资人问你，投给你成百上千美金，你会如何使用时，你也许会这样说："我们会将一半资金投入到市场营销中，将另一半资金用于项目开发。"如果你是投资者，听到这样的回答，你会是什么反应呢？会感觉这样的公司很不靠谱，对不对？

你的资金使用情况一定要详细。比如，你已经拥有了一个预先可知投资回报率非常高的营销方案（投资一美元，回报五美元），对这个营销方案，你也要详尽地向投资人解释。

盛大集团的总裁邱文友这样说："在过去的两三年，盛大集团经历了比较大的转型，从自己做互联网运营到现在全球投资前沿的科技，在前沿科技里面VR、AR是我们非常重视的项目。16年前陈天桥创办盛大集团，那时候初衷就是希望找到一个方式来建立一个虚拟的世界，虚拟世界里面可以得到在现实世界里面所没有办法得到的满足、快乐、需求等等。陈天桥觉得网络游戏在16年前最接近这样的模式，陈天桥就进入了网游领域……我们现在作为全球的投资者，投资做VR，也是同样的原因。"

只有让投资者清楚他们的未来在哪里，他们才会心甘情愿地掏腰包，为你的梦想买单。

路演商战

熟悉创业指标是获得融资的基础

纵观我们周围那些成功获得融资的创业者都有哪些共同之处呢？我认为最重要的一点就是他们有着明确的创业愿景以及对企业未来发展的详细规划与创业指标。

我们可以看一看这样一个例子：

当绝大多数大学毕业生还在为求一份工作而四处奔波的时候，山东科技大学信息学院管理与信息系统专业的大四学生王子华却已经开始了自己的创业之旅。

王子华是最早入驻"光谷OVU+"创客工坊的创客，他曾先后有过两次创业经历。第一次是在佳世客内开设品牌专营店。这次创业王子华取得了成功，月流水达到30万元，半年内盈利20万元。

第一次成功的创业尝试，让他更加坚定地走上了创业的道路。王子华组建了自己的调研团队，历时8个月，发放出15万份问卷，调研了156所学校后，决定注册公司。王子华虽然只有23岁，但却是3家公司的创始人。他曾在一年的时间内参加了30多场路演。

第二章
路演成功的八大细节

在谈及路演的重要性时，王子华曾这样说："小微企业一定要多参加路演比赛。从去年4月份到现在，我仅在青岛就参加了30多场路演，这大大锻炼了我自己的能力。我的体会是，无论学生还是企业都应利用社会上的各种资源，为自己争取更多的机会。"

王子华创建公司的初衷是将大学生资源与企业进行对接，借助"小队team"平台铺设青岛各高校的自有团队，帮助企业解决人力资源以及企业活动等业务。针对这一领域的服务，他们与中国移动、奇虎360、京东以及海信等知名的大公司展开合作。因为王子华的业务清晰、行动目标明确，很多投资者愿意为他的梦想买单，在校创业期间，他已经融资300多万元。

在很多场合，王子华都曾这样明确自己的行动目标："不同于传统互联网企业大把地烧投资人的钱，我们希望开辟线下渠道，自己'造血'，然后在线上做活动。"

如今的"小队team"将整合所有校园APP、生活圈，在全球范围内建设一个互联网互动平台。

同样是大学毕业生，有些人仍然奔波在找工作的路上，而有些人却已经成为了创业道路上的新秀。这就是懂得使用创业指标与不懂得使用创业指标的区别。很多小微企业主在初创业的时候，其实都是很茫然的。他们往往是凭借着自己的一腔创业热情走上了创业的道路，但是对企业的未来、企业的盈利模式、企业的主营业务、获取关键用户等等环节，缺少详细地规划与分析，这就导致他们在吸引融资的过程中会因缺少必要的行动指标而受到投资人的怀疑。我们都知道，在投资市场上，投资人所投出的每一分钱，其实都是需要回报的。换句话说，投资人一定要清楚自己的钱将会被用到什么地方，才会在掏钱的时候足够果断。

不同创业公司的行动指标也各有不同。比如，如果你的公司采用的是订购

路演商战

模式，那么，你就需要让投资人知道你的用户获取成本（CAC）、客户终身价值（LTV）、净流失率（MRR）、用户转换率、客户数量以及收入比率、毛利润等等关键指标。而对其他一些类型的公司而言，指标相对来说就比较简单。你只需要知道自己目前的业务指标，以及未来的业务指标。同时，对那些没有实现的指标，你要明确地告诉投资人，你会使用什么样的方式来实现。

大卫曾是一位连续创业者，如今是一家风投公司的合伙人，他曾发表过一篇文章，在该文章中，他重点提及了初创公司的创业指标。在他看来，创业者在创业过程中，会面临着各种各样的指标压力，但是压力也是动力，这些都是成功募集资金的基础。

对投资人而言，如果创业者能够为他们提供明确的指标，就相当于让他们看到了这个公司发展的未来与希望。这些都是创业者成功吸引融资的重要条件。

主路演为辅，副路演为主

路演一般由两部分组成，一部分是主路演，一部分是副路演。主路演阶段，主要是用PPT展示的方式告诉投资人，你和你的团队的创业故事，向投资人展示你的创业指标，介绍你的团队成员，阐述你的发展愿景。在副路演阶段，则需要播放一些配套的幻灯片。

一些初创业者因为没有路演经验，往往以为主路演才是最主要的，演讲者应该以主路演为主，副路演为辅。其实，这种做法是很不科学的。为什么这么说呢？这是因为，在路演的时候，演讲者为了清楚地说明问题，往往需要30到60张幻灯片。如果主路演占用的时间太多，副路演时幻灯片的展示就会变得非常仓促，达不到有效的补充说明作用。

相反，如果我们在主路演的时候能够言简意赅地介绍自己的创业故事、创业团队、发展愿景，留出更多的时间给副路演，用于回答投资者的提问，这样的路演受到投资者青睐的可能性会更大。

一些有经验的路演者，往往都会非常精妙地把握主路演与副路演的时间分布。一般说来，主路演的PPT与副路演的PPT的展示比例以三比二为宜。也就是说，主路演的PPT展示使用五分之三，副路演的PPT展示使用五分之二。如

路演商战

此看来，副路演也占据着相当大的演说比例。如果演说者不能给副路演留出足够的时间，很可能会让整场演说适得其反。

副路演的主要作用，其实就是对主路演中一些解释不清楚的问题进行补充说明。投资人所关心的一些细节问题，也会在副路演阶段进行展示。

Bigcommerce公司曾进行过多次融资路演，在进行C轮融资时，该公司路演者使用了42张PPT。在主路演阶段使用了26张PPT，在副路演阶段则使用了16张PPT。这种对主路演与副路演的巧妙分配，也帮助Bigcommerce公司成功获得了风投公司Revolution投出的4000万美金。

不管是主路演，还是副路演，路演者需要着重解决以下六个问题：

一、告诉投资者，你是谁

"这一天，我期待了整整两年半。每隔一段时间，就会有一件革命性的产品改变世界。1984年，苹果发布的Macintosh改变了整个计算机产业。2001年，苹果发布的iPad改变了整个音乐产业。今天，我们要发布3件同一重量级的革命性产品。"

这是2007年，乔布斯在苹果手机发布会现场所发表的一段演说。当我们在聆听乔布斯这段经典演说的时候，我们不会觉得他是在卖产品，而是会不由自主地受到他激情的感染。这就是一个优秀的路演者所展示出来的语言的魅力。不仅能够在三言两语中解释清楚自己到底在干什么的，而且还能够巧妙地将自己与产品结合到一起。

二、告诉投资者，你卖的是什么

"第一件产品是一台宽屏幕、可触摸控制的iPad；第二件产品是一台革命性的手机；第三件产品是一台前所未有的互联网通信工具。这三件产品并不是完全独立的设备，它们是一台设备。我们把它叫做iPhone。今天，苹果要重新发明手机。"

乔布斯不愧是路演高手，他很懂得如何让产品自己说话。在进行销售路演的过程中，他言简意赅，直切正题，却为用户创造了巨大的惊喜，引得台下的惊呼声此起彼伏。

乔布斯在销售路演中所使用的手段，值得每一位路演者学习借鉴。

三、你卖的东西对用户有什么帮助

你想要从投资人那里融来资金或者是想让消费者买账，就一定要将产品的卖点展示给他们看。你卖的东西对用户有哪些帮助？你的产品比别人家的产品强在哪里？

在乔布斯的演说过程中，他通过极具视觉冲击力的画面，将苹果的产品与其他产品的对比进行了鲜明的展示。这就很容易让消费者认可苹果的产品。

四、你如何证明自己的说法是正确的

证明这一环，主要是出现在副路演阶段。如何证明自己的说法是正确的呢？最好的证明就是让现场的观众亲身体验。比如，雷军在举行小米发布会的时候，为了证明小米的抗摔打性，曾亲自将一部小米手机摔到地上。众目睽睽之下，被捡起来的小米手机完好无损。这在一定程度上就增强了消费者对小米手机的消费信心。

五、用户为什么要购买你的产品

用户为什么要购买你的产品？这是需要路演者仔细思考的问题。在回答这个问题的时候，乔布斯这样说："这不是三个产品，这是一个产品，它叫做iPhone。"简单的一句话就概括出用户购买iPhone的理由：它是第一，也是唯一，它尝试去解决智能手机的不足。当然，还有更重要的一点，它是一个品牌，是一种身份的象征，这些都足以成为消费者购买它的理由。

六、用户为什么要马上购买你的产品

说到这里，我们不妨来看一看小米是怎么做的。

在小米手机正式发布之前，来自各方面的消息曾多次向消费者透露出小米手机的高端配置，以及精湛工艺。这些消息引发了消费者的诸多猜想。很多消费者认为，这样高配置的小米手机一定会非常贵。但是，小米手机最终公布的定价只有1999元。这就让大众消费者产生了一种捡到便宜的心理。可是，这么便宜的小米手机是不是人人都能买到呢？不是的，小米采取了抢购与定制模式。这些销售模式，其实就是告诉消费者，如果不第一时间购买，很可能就会买不到自己心仪的小米手机。这是典型的饥饿营销，这种饥饿营销真正地刺激了消费者的消费冲动，有效地帮助交易达成。

不管是主路演还是副路演，路演者始终不要忘记自己路演的初衷，合理分配路演的时间，以副路演来补充说明主路演，往往能够取得不错的路演效果。

第二章
路演成功的八大细节

着重道出产品所能解决的行业痛点

在路演过程中,你依靠什么让听众对你的演说买单?对于销售路演而言,最重要的就是要介绍产品所能解决的行业痛点。告诉听众,你的产品有哪些特别之处,你的产品有哪些功能是其他一些产品所不能比的。

所有成功的路演,不管是销售路演,还是融资路演,往往都是由一个故事引出来。这个故事往往是因为创业者发现了某个行业的痛点,这个痛点深深地困扰了他,而他为了解决这个痛点,不断地追求、探索,最终找出了解决方案,树立起了自己的公司愿景。这就要求路演者在进行路演的时候,一定要保证自己所提到的产品是为了解决这个行业痛点而存在的。

当然,你是如何发现这个痛点?你为什么想要解决这个痛点?你所提出的解决方案是否是最好的?如果你能募集到一定的资金,就一定能帮助更多的人解决问题吗?这些问题都是你在路演过程中需要重点提及的。

这些问题能够很好地让听众了解到你所发现的行业痛点,以及你的产品在解决行业痛点的时候所具备的优势。

央视科教频道《我爱发明》栏目曾经介绍了这样一个小发明——糖8糖葫芦机。

路演商战

糖葫芦作为中华民族的传统美食，色泽鲜亮、味道鲜美，深受人们的喜爱。但是，糖葫芦好吃，卫生问题却令人堪忧。大街上叫卖糖葫芦的流动摊贩，有的用自行车推着卖，有的用电动三轮车推着卖。不管是采用何种承载方式，这些流动商贩蘸出来的糖葫芦没有包装，很不卫生。此外，这些小贩为了增加糖葫芦的销售数量，经常会跑到人流较多的地方叫卖。这些人群汇聚之地车辆较多，汽车的尾气、大风扬起的灰尘，都很容易粘在那些暴露在空气中的冰糖葫芦上。这样的冰糖葫芦吃进肚子里会危害健康。而现实的情况却是，很多老年人缺乏食品安全意识，只要身边的小孩子一张口要，他们就会毫不犹豫地掏腰包，为小孩买一串。

为了让老百姓吃上干净、卫生的冰糖葫芦，高子旭将他的"糖8糖葫芦机"搬上了荧屏。在央视科教频道的《我爱发明》节目中，高子旭携带着"糖8冰糖葫芦机"与冰糖葫芦传统手艺人进行了一场万众瞩目的比试。相同大小的山楂，"糖8糖葫芦机"在速度、口味以及卫生方面均取得了绝对的胜利。

该节目播出以后，全国各地的经销商以及消费者等买家纷纷致电咨询，高子旭的手机一度被打爆。南到福建广东，北到东北辽宁，很多观众都对这款"糖8糖葫芦机"表现出了极其浓厚的兴趣。而实际上，高子旭的电话并没有在节目中公开，那些想要代理和购买"糖8糖葫芦机"的客户多是在致电《我爱发明》栏目组之后才获悉高子旭的联系方式的。他们在与高子旭联系的过程中，都表示出了想要亲自到其公司进行参观、洽谈的意愿。

"糖8糖葫芦机"的热卖，其实很能说明一个问题，不管是在企业融资路演，还是销售路演过程中，产品能够解决行业的痛点这点很重要。就像这个"糖8糖葫芦机"，它成功地解决了路边摊糖葫芦不卫生的问题，这就戳中了一些爱吃糖葫芦的人群的痛点。高子旭携"糖8糖葫芦机"在央视科教频道的《我爱发明》亮相以后，"糖8糖葫芦机"的淘宝企业店铺与官方微信平台也火爆起来，线上和线下的订单合计超过了2000台。

　　对于企业而言，一定要学会抓住行业的痛点。如果你的企业以生产实物产品为主，则企业的产品就要真正解决用户生活中无法解决的痛点。比如，无人机的发明就很好地解放了人们的双手。

　　假如你的产品以服务为主，也要抓住用户真正的痛点。比如，我们在前面所提到的大学生创业者，以互联网为基础，致力于为大学生提供就业信息，为企业提供人力信息。这个信息平台的搭建，不仅解决了大学毕业生的痛点，还很好地解决了企业招聘符合要求的人才的问题。

　　在互联网时代，互联网思维被越来越多的人重视，在互联网思维中，有一个非常重要的思维就是痛点思维。小米手机解决了用户既想要功能全面又想要价格"美丽"的痛点，最终赢得了普通用户的认可，在国内的智能手机市场赢得了一片天地。阿里巴巴解决了用户足不出户就能购买商品的需求，最终成为了全球知名的电商巨头。

　　只有抓住了行业的痛点，并且你的产品或者服务能够帮助用户解决痛点，才可能受到投资人的青睐，获得他们投出的资金。

展示企业团队精神

投资人在决定是否投资一个项目的时候，不仅会看这个项目是否具有发展潜力，还会看这个项目的研究开发团队如何。

最好的公司，一定是靠着一群极有天赋与能力的人创建起来的。所以，在路演者进行路演的时候，至少需要使用一张PPT来介绍自己的团队，告诉投资人，你的团队有何过人之处，你的团队有哪些其他团队所不具备的优势。如果你有一帮出色的工程师，你可以展示。在这个展示的过程中，投资人就能清楚地知道，你麾下的这些精英为你产品的研发做出了哪些贡献。如果你的高管团队是来自于一些有资质的大公司，你就可以向投资者简单介绍一下每一位管理人员。这些介绍可以包括他们曾经就职在哪些企业，曾经负责过哪些项目，取得过怎样的成就。

就以小米的开发团队为例。小米的创始人雷军曾是金山软件的董事长，还是知名的天使投资人；联合创始人林斌，前Google中国工程研究院副院长；联合创始人、副总裁黎万强，前金山设计总监、金山词霸总经理；联合创始人、副总裁周光平，前摩托罗拉北京研发中心高级总监；联合创始人、副总裁刘德，前北京科技大学工业设计系主任；联合创始人、副总裁黄江吉，前微软中

第二章
路演成功的八大细节

国工程院开发总监；联合创始人、副总裁洪峰，前Google中国高级产品经理。这样豪华的创业队伍，站在投资者面前，无疑会吸引投资人的眼球。这样的创业队伍，也很能为路演融资加码。

当然，小米团队不仅仅只是豪华而已，其团队精神也非常值得推崇。这种精神，不仅仅包括精益求精的态度，还包括那种与时代同步的创新力。

《连线》杂志主编David Rowan曾在该杂志的卷首语上提到，小米手机的全球用户已经超过了1.6亿。小米不仅提供互联网服务，还投资生态链企业进行相关的配件销售，打造出了极具品牌口碑的粉丝文化，这种中国特有的"互联网思维"已经为小米创造出了巨大的经济效益。

因为有着小米这样创新型的科技公司，在全球范围内，中国"代工大国"的称号已经在悄悄发生着转变。从设计研发到工艺制造，中国科技企业所设计研发的产品已经足以与国际巨头所生产的产品相媲美。

从美媒对小米的重视程度，我们不难看出，小米这种精益求精的精神，已经让它获得了对手的重视，让一些全球知名的智能手机制造企业严阵以待。

很显然，雷军也是一位路演高手，在很多场合，雷军都会在不经意间提到小米的这种精益求精精神，提到小米团队对产品研发一丝不苟的态度。而这些在极大程度上，就能帮助说服投资人或者合伙人认可小米团队，为小米团队的发展增砖添瓦。

投资人的每一分钱都会精打细算，他们很清楚每一位创业者都会有自己的竞争对手。通常情况下，只有最强大的团队，才可能会构建出最完美的产品与品牌，最终在市场上赢得一席之地。所以，路演者一定要知道，如果你的团队足够强大，那么，你一定要毫不迟疑地展示出来。如果你的团队并不是什么有经验的顶级团队，也不用着急，你只要认真地告诉投资人，当你获得了资金支持以后，会以什么样的方式，招到什么样的人才就够了。

在真正进行路演之前，如果你能找到一批出色的队友当然是最好的了，如果找不到那也没有关系。在路演的时候，你只要把这种决心表现出来，重点去展示自己团队的优点与强项，就有极大地希望获得投资者的认可。此外，对团队的一些缺点最好也要公正表述，不要试图掩饰。每一个投资者在进行投资之前，都会对路演者的团队进行评估，所以，任何形式的掩饰都不过是在自欺欺人，反而会给投资者留下不好的印象，导致融资失败。

第二章
路演成功的八大细节

竞争力胜于雄辩

如何让自己的路演更具说服力？成功的路演者往往会很巧妙地让投资者了解自己的竞争力。因为他们明白强大的竞争力才是他们吸引投资者的资本，强大的竞争力比一切吹嘘的言辞都有力。

那么，路演者如何让投资者了解自己的竞争力呢？

最能展示企业竞争力的无疑就是公司的收入情况。如果你能让投资人很清楚地了解你的收入情况，那么，就能让投资人直观地看到你产品的竞争力。如果投资人从你的收入情况判断投资你的公司风险较小，那么，你就极有可能获得投资。

当然，可能有些初创公司，在进行融资路演的时候，公司并没有开始盈利，这时候怎么办呢？最好的办法是将你的盈利模式在PPT里展示一下，把所有的业务指标中最具发展潜力的展示给投资人。比如，你的公司创建了一个APP，你就可以将用户量、照片上传总量等等数据展示给投资人。展示的方式有很多，你可以将这些数据制作成一张图表，展示这些指标的发展路径，通过这种直观的展示来告诉投资人，如果能够获得资金，这些指标将会获得更加快速的发展，并且帮助公司盈利。

对于任何一个公司而言，核心竞争力都是其公司发展最宝贵的财富。任何一家公司只有具备了核心竞争力，才能在与其他企业的竞争中脱颖而出，成为残酷市场竞争中的强者。

美国知名作家詹姆斯·迈天曾经说过，所谓企业的核心竞争力就是指"能够使企业以比竞争对手更快的速度推出各种各样产品的一系列核心能力"。

简单说来，核心竞争力就是企业比竞争对手更强大、更持久的某种优势、能力与知识体系。这些优势、能力、知识体系往往关乎企业自身的生存与发展，对企业的兴亡起着非常关键的作用。

企业的核心竞争力涉及多方面的因素，涵盖企业管理的方方面面，最常被我们提及的有这样几个方面：

一、企业文化

我们判断一个人的精神状态如何，会去看她的精气神。同样，判断一个企业的发展情况如何，也需要看它的"元气"。企业的"元气"就是企业的文化。企业文化是企业核心竞争力的重要组成部分，是一个企业不断发展的动力之源。比如，阿里巴巴的企业文化中的"六脉神剑"、"独孤九剑"等等，这些独特的企业文化，让人在感觉到耳目一新的同时，也会让企业员工有更大的斗志与奋斗激情。

企业文化从某种程度上反映出了企业生产力的高低以及进步程度。企业管理也早已经从之前的"经验管理"、"科学管理"发展到了"文化管理"。

相比于物质层次的企业文化，精神层次的企业文化更加能够凸显出企业文化的本质与精髓。对管理层而言，企业文化所体现出的是企业家精神；对员工层而言，企业文化所体现的则是一种士气。

随着时代的不断发展，企业文化也日益表现出了多重文化特征，比如，人本文化、创新文化、虚拟文化、学习文化、生态文化与融合文化。甚至有人还曾断言，未来企业之间的竞争根本上说是企业文化的竞争。换言之，企业文化已经成为了企业的核心竞争力。

二、理念

理念是什么？严格说来，理念是一种强大的内驱力，一旦在企业中生根发芽，就会产生一种神奇的约束力，规范人们的行为，同时也会产生一种持续、稳定的推动力，促使人们朝着既定的目标去努力。这种约束力与推动力是形成企业核心竞争力必不可少的组成部分。

如果企业路演人员能够将公司的经营管理理念融入到工作当中去，其凝聚力与战斗力就会得到质的提升。而这种战斗力往往能够产生神奇的"谐振效应"与"导引效应"。

路演人员在进行路演的过程中，假如能够在一举一动中自然而然地展示出这种理念，就能极大程度地赢得投资人的好感，为成功融资加码。

三、价值观

一家能够真正做大、做强的公司，一定会有自己的价值观。腾讯立志做一家伟大的公司，阿里巴巴要让世界上没有难做的生意。这些价值观立足点较高，具有一定的情怀，能够在极大程度上获得用户与投资人的认可。

美国兰德公司曾花费20年的时间，在全世界范围内追踪了五百家大公司，结果发现这些大公司有一个共同之处，那就是始终坚持以下四种价值观：

（1）坚信人的价值始终高于物的价值。

（2）集体的共同价值高于个人的价值。

（3）社会价值高于利润价值。

（4）用户价值高于生产价值。

这四个价值的逐层递进很能说明一个道理，就是"用户本位"的价值理念正在逐步取代"政府本位"与"组织本位"。"用户本位"的价值理念，也正是打造企业核心竞争力的一个重要切入点。

四、形象

企业竞争的要素在经历了"商品力"与"销售力"之后，正在逐渐转向"形象力"。形象力主要的组成部分包括：知名度、美誉度与忠诚度。一个企业的形象力是一家企业的企业信誉、经营哲学、管理思想、价值导向与商业品德等诸多要素的综合展现，更是整体实力的反映。

如果创业者在创建公司之初就努力树立和完善公司的形象，当路演者在进行路演的时候，就能凭借公司的"形象力"为路演加分。

五、创新

伴随着市场竞争的加剧，创新已经渗入到了企业经营与管理的各个方面。企业仅凭着成本、生产率或者规模效应想要赢得市场已经是越来越不可能。这种情形下，就必须要依托价值来打一场全新的创新战。所以，路演者要非常清楚一个企业的"创新力"主要体现在哪里。一般说来，"创新力"包括这样几个方面：创新经济模式、创新精神、创新思维、创新战略。如果路演者能够学会从不同的角度、不同的方面去体现企业的创新力，就能给投资者或者用户留下一个非常不错的印象。

六、特色

市场竞争越来越激烈，已经是不争的事实。每一年，都有很多初创公司冒出头来，但是，也有很多初创公司会在一大波创业浪潮中"淹死"。有些创业公司之所以存活不下来，最基本的原因就是其公司没有特色，与市场上很多竞争对手公司趋同。所以，差异化也就成为了不少创业公司从激烈的竞争中胜出的重要砝码。

市场上有这样的潜规则，凡是那些"第一"，往往也是行业里的"唯一"。既是"第一"，又是"唯一"，这样的公司就能轻松地赢得消费者的认可和投资人的买单。

七、人才

人才是企业竞争力的根本。对不少企业而言，人才即是利润。所以，如果路演者在进行路演的时候，能够向投资人展示出自己雄厚的人才资源，无异于给投资人吃了一颗定心丸。比如，雷军在进行天使投资的时候，主要就是投那些与自己比较熟识的人，对对方的能力比较了解。雷军所投的UC优视的总裁俞永福曾在阿里巴巴与联想任职，这些经历都成为了他今后自主创业的宝贵经验。

掌握了这样七个方面，路演者就能很好地找到展示企业竞争力的切入点，为企业成功路演做好充足的准备。

尝试进行多次路演

参加过路演的人都知道，路演的最后环节多是留给投资人提问的。如果路演者没有经历过路演，在这个环节就可能会因为经验不足，而无法娴熟地应对投资人的提问，最终弄巧成拙。

对于任何路演者而言，尝试进行多次路演都没有坏处。那些成功的路演创业者，基本都有着多次路演的经历。比如，阿里巴巴的创始人马云，从最初开始创业到成长为电商巨鳄，其间路演的次数多不胜数，而这些路演经历也充实了马云的路演经验，使马云能够更加自如地与投资人进行交流。

路演时的答疑环节，可以帮助潜在投资人更好地了解你公司的业务指标，以及你的公司所具备的竞争优势。

与此同时，路演者则需要注意，对于投资人所提出的问题以及反馈，你都需要及时地做好记录。对于第一次没有回答出来的问题，在路演结束之后，要仔细思考，想出万全的应对之策。这样，在下次路演的时候，遇到类似的问题，才能做到胸有成竹，游刃有余。

一次，由济南市科技局主办，山东大学计算机学院、软件学院承办，南湖

第二章
路演成功的八大细节

梦孵化器协办的首个泉城创客路演活动在山东大学举行。在该路演活动中，苏州火联智能通信有限责任公司的"暖语"项目从多个参赛项目中胜出，拿下了第一名的桂冠，受到诸多投资人与创业导师的钟爱。

不仅如此，该路演还成功吸引了众创空间、孵化器、高校、投资机构、企业以及媒体与社会各界人士将近两百人参与其中。

在路演过程中的惊艳表现，有效地提升了该项目的知名度，以及各界人士对该项目的认可度。

"暖语"是苏州火联智能通信有限责任公司开发的一款语音社交APP，专注于帮助陌生人之间开展流畅的语音通信以及多人聊天室服务，解决陌生人之间的匿名语音聊天以及匿名语音社交需求。这款APP，用最亲密的语音聊天方式，为用户提供化解寂寞与无聊的消遣方式，同时提供游戏实时在线服务，以及一些生活常识的答疑解惑。

"暖语"APP的主要服务人群有五类，一是有倾诉需求的人；二是有派遣与求助需求的人群；三是需要解决日常疑难问题的人；四是在专业领域有需求的人；五是想要利用零碎时间赚取业余收入的人。

这样一款以年轻人为主要消费群体的新型语音社交APP，在问世之后便迅速获得了首轮种子融资。

说起这个项目之所以能够成功获得融资的原因，则与创始人的经历有着极大的关系。其创始人张清是新加坡国立大学的访问学者、IDF网络情报威慑防御实验室的核心成员。张清对云计算、云计算安全、数据挖掘以及机器学习等领域有着较深的研究。其他团队成员则分别来自新加坡国立大学、北京大学、山东大学、华东师范大学等知名高校。

其技术团队更是参加过国家"863"、"973"以及"核高基"等省部级的项目，在大数据分析、移动计算以及信息安全领域有着极深的造诣。运营推广

路演商战

团队或拥有丰富的创业经验，或有新媒体营销方面的工作经验。这些都为他们在路演过程中赢得投资人的青睐增添了砝码。

分析这个创业团队，我们不难总结出这样一个结论：不论是创始人还是创业团队，他们基本都有着一定的创业经历。在其独立创业的过程中，自然就不乏路演经历，这就为其在"暖语"项目中的路演积累了丰富的经验。

路演是一门非常重要的学问，并不是每一个初次创业者都能马上掌握的，这需要一个学习的过程。如果你每次进行路演的时候，都能从八大细节入手，始终这样严谨地要求自己，那么，在经历过三四次路演之后，你就能够发现，你在路演时遇到的问题越来越少了，你的路演水平也变得越来越高了。

很显然，当你能够以一个成功路演者的姿态站在路演的讲台上，自信从容地发表你的路演演说，满怀激情地去阐述你的愿景目标、梦想追求，充满自豪地去介绍你的团队与伙伴时，你就会发现，不知不觉间，投资人其实已经被你深深吸引了，他们在潜意识里已经愿意为你的梦想买单了。

第二部分
实战：三步做好路演

03 第三章
第一步：充分准备，为路演储备能量

一场成功的路演，必定离不开精心的准备。上台路演就好像是上阵打仗，只有在上阵之前就准备好武器，才可能打一场漂亮的翻身仗。

那么，路演者需要为路演做哪些准备，储备哪些必须的能量呢？让我们一起来看看吧。

标的准备：不做无用功

一场成功的路演就像是一场精彩的演出，只有在演出之前就精心做好排练，用心去揣摩每一个细节，才可能在正式演出的时候一鸣惊人。那么，关于路演，需要路演者做好哪些准备呢？

标的准备有这样四点：明确路演目的；确定听众类型；提炼企业核心利益；制定路演的长短期目标。做好了这四个方面的准备工作，我们才能保证自己的路演能够有针对性地打动听众与投资人。

明确路演目的

对于创业公司而言，创业融资是实现自己的抱负与价值的最佳途径。可是，如果路演者在路演之前，不先确定自己的路演目的，很可能就会将自己的路演给彻底搞砸。

因为路演性质的不同，路演的目的也各不相同。比如，项目融资路演是以成功融资为目的；销售路演是以顺利推介产品为目的；公关路演是以化解企业

第三章
第一步：充分准备，为路演储备能量

危机为目的。

路演的目的不同，也就要求我们所采取的策略一定要有针对性。如何做到这一点呢？可以参照四方面内容。

一、事先对投资人做足功课

很多创业者之所以会在创业融资时遭遇失败，最大的一个原因就是前期缺少调查。

作为公司的创始人，在你进行融资之前，去了解一下你的投资者之前曾经投资过什么样的产品，是非常有必要的一件事情。如果你的意向投资人或者是投资公司，曾给多家处于种子轮的硬件创业公司投资过几十万美元，而你的公司却是以开发软件为主，想要寻求几百万美元的首轮融资，这就意味着，你或许并不会成为意向投资者或者投资公司的最佳选择。

一些比较成功的投资人，在投资的时候，往往会关注一些他们比较擅长的领域，也会投一些特定领域的创业公司。适合你的风投基金，或许就是其中的一部分。

当然，想要获得投资人的信息也并不是多么困难的一件事，只要你用心去收集一下投资人的信息，就能成功掌握投资人喜好投什么样的产品，以及什么样的项目能够让他们兴奋，这些都能有效帮助你获得路演的成功。

二、清楚自己寻求融资的过程

寻求融资就像是寻找恋人一样，两者都需要经历一些类似的步骤。比如，创业者第一次与投资人开会时，最主要的目的是要给投资人留下一个较好的印象，进而建立比较融洽的关系。从VC的角度讲，他们相中一个创业者往往就意味着需要投出大笔资金，所以，他们会谨慎地审视每一位意向创业者。

对于创业者而言，当你第一次与投资人会晤的时候，他们甚至不要求你去展示精美的PPT，而且在初次接触的时候，你甚至见不到相关融资机构的高层。所以，当你第一次与投资人开会的时候，你要清楚地知道开会的目的，以及参加会议的每个人物的身份以及他们各自的角色，这对你未来融资是否能够成功至关重要。

三、路演之时，切忌啰唆

投资人每年都会参加无数次的路演活动，每年都会看上百份的融资PPT，因为精力所限，他们给每个路演者的时间并不会很多。所以，如果你想从众多的融资PPT中脱颖而出，并不是一件容易的事情。因此，你的融资路演一定要足够简短，力争在第一时间就吸引投资人的注意。

假如给你的路演时间有30分钟，你关于产品与公司的描述最多不要超过7分钟，剩下的时间，你要留给投资人提问，以便让投资人能够更好地了解你。在此过程中，你应该尽量表现得比较轻松，展示出你的创业激情，将这次路演融资转变成一次比较愉快的聊天交流，保证你所说的每一句话都是在为实现你的路演目的服务。

四、掌握回答问题的技巧

不少创业者虽然有着很明确的路演目的，但是，他们往往由于经验不足，而无法流利地回答投资人的问题。这就让投资人对他们的印象大打折扣，影响了融资成功。对于创始人而言，想要从投资人那里获得什么应该做到心中有数，更要对投资人会给公司开出什么样的投资条件有所估量。除此之外，创业者还需要结合自己的路演材料巧妙地回答投资人的问题，向投资人解释清楚他们对你进行投资的好处。当然，你也可以向投资人提问，但是在你向投资人提问的时候，应该保证问题的精准、简洁，从而能够给人留下极为深刻的印象。

不管是初次创业者还是有经验的路演者，如果能够从这四个方面入手，保证自己路演的每一个环节都是在为实现路演目的服务，就能有效提升路演的成功率。

第三章
第一步：充分准备，为路演储备能量

确定听众类型是投资者、消费者还是代理商

诚如我们在前面所说的那样，因为听众对象的不同，路演也会分为不同的类型。大体说来，听众类型主要有这样几类，投资者、消费者与代理商。

明确了听众的类型，路演者接下来要做的就是根据听众类型来准备路演。

一、针对投资者的融资路演

路演者在进行融资路演的时候，需要明确四个方面的问题：（1）你的公司所卖的产品或者服务是什么？（2）你的公司如何展开销售或者服务，盈利模式是怎样的？（3）创业团队的核心成员都有哪些？公司的股东是谁？高层管理都有过哪些丰富的创业经历，公司的核心竞争力又是什么？（4）你的公司目前的财务状况如何？今年的预计销售额是多少？拟融资的金额是多少，打算怎么用？

创业融资路演者在进行融资路演的时候，如果能够把握住上述四个方面的问题，就能保证路演始终为实现自己的路演目的服务。

二、针对消费者的销售路演

销售路演的目的是成功卖出产品，并且路演的气氛要活跃，强调的是互动、参与以及情感的交流。比如，你想要销售衣柜，则可以以这样的形式展开销售路演。

◎举办一个整理衣服大赛，公司的衣柜产品一字排开（可以多款式同时展示），每个衣柜前面凌乱地摆放十几件衣服，抽选在场女性观众上台参与竞赛，以限定时间整理的效率与整洁度计算成绩。这样的活动能够让观众在毫无所察的同时对公司的衣柜产品印象深刻。

◎举行一个问答比赛。观众站在每一款衣柜面前回答相应的问题。比如，

路演商战

该柜子用多长时间才能制作完毕；制作该柜子需要多少板子；制作一个柜子需要多少个零件；制作一个柜子需要经过多少工序等等。通过一系列数字的展示，路演者就能很自然地凸显出衣柜的超高工艺与性价比。

销售路演中穿插进相应的互动活动，所取得的效果往往是惊人的。当然，如果活动策划得好，还可以邀请一些媒体进行设计报道，录制视频并配上有趣的对话上传到网站等等，这些都是增强企业商品人气的不错手段。

三、针对代理商的招商路演

传统的招商路演有这样两种常见的形式：一是召开小型招商会，比如订货会等；二是参加一些大型的招商会，比如糖酒会等。无论是小型的招商会还是大型的订货会，在内容上无外乎是一些具有杀伤力的"进多少送多少""买就送"等千篇一律的销售策略。对这些司空见惯的销售形式，经销商已经提不起太大的兴趣。改变传统的招商模式，已经是摆在招商路演者面前的一条必由之路。

招商路演的创新，需要从企业市场战略的角度对目标市场进行细分规划。简单说来，就是公司要有明确的营销战略以及市场布局策略，分清楚哪些市场是战略性市场，哪些市场是二线待发展市场，哪些市场是机会性市场。根据市场划分性质的不同，进行不同的市场运作。

陕西太白酒业曾正式推出一款太白大手笔酒，此款酒定位高端，依据公司的发展战略，是要将该酒打造成陕西政商第一用酒。为了实现企业的战略目标，公司将陕西市场做了细致的分级。第一战略市场乃是厂家所在的宝鸡市场；第二战略市场为西安省会市场；第三战略市场为陕北榆林市场；第四战略市场为延安市场。

完成市场划分以后，该公司开始迅速展开市场布局。在公司所在的第一市

第三章
第一步：充分准备，为路演储备能量

场，利用已有的网络资源，采取了直营的模式；对陕西省内市场，则采取了新型的路演招商模式。这两处市场路演招式推广之后，尚未正式上市的太白大手笔酒，便被陕西周边的榆林、宝鸡、延安、商洛等地经销商知悉，四十几家经销商主动与太白大手笔酒签订了合约。此次招商推广，太白酒业就完成了近600万元的首次铺货款。

从以上招商案例中，我们不难看出，对招商路演而言，最核心的就是要梳理好招商的流程以及招商的策略。招商路演模式一般会将招商分为四个具体可行的步骤。

1.组建招商团队

专业的招商团队是招商是否能够成功的关键所在。一般情况下，招商团队的成员以六人为宜，包括企业高管、市场总监、销售总监、各地办事主任、咨询策划人员等。

2.前期准备工作

招商活动是否能够成功，很关键的一个因素就是准备工作是否到位。真正到位的准备工作，不是表面听起来多么吸引人的口号，而是比较可信的策略。经销商最关心的，就是那些与他们自身的利益息息相关的招商策略。此外，招商物料的分级，招商团队的培训等等也都需要公司做好充足的准备。

3.路演招商的落实

这是招商成功的关键一环，招商路演其实就是发挥公司整体的力量，达到左右经销商情绪的目的。这就要求招商团队在招商路演过程中，能够最大程度地影响经销商，吸引经销商的兴趣与关注。

4.对意向客户及时跟进

在经过招商会之后，招商人员只要用心，其实是能够分辨出哪些经销商是意向客户的。在招商会结束以后，及时跟这些意向客户进行交流与洽谈，解决他们的疑忌与顾虑，就为招商成功打下基础。

综上所述，基于路演对象的不同，路演所需要做的准备工作也不同，所以，路演者一定要根据不同的路演对象来展开自己的路演工作。只有有所针对，才能做到有的放矢，为路演成功埋下伏笔。

提炼企业的核心利益点

一些比较优秀的路演者曾经总结过自己的路演经验，将路演总结出三大核心，即，彰显出团队的软实力；用数据证实你的价值；用价值驱动利益。

从这三个核心中，我们不难看出，"价值"在路演过程中占据很大的比重。你只有让听众看到公司的价值，他们才可能会为你的梦想买单。

如何让听众看到公司的价值呢？最直接的做法，就是提炼出企业的核心利益点。换句话说，你要让投资者或者用户，一眼就能看到他们所能获得的利益。

比如，你开发出一款滑屏解锁软件，并且要为该款软件的深入开发进行融资。你需要先分析该款软件的盈利模式，其盈利模式有两个方向：其一，为商家发布广告，获得广告的盈利模式；其二，为用户提供软件下载，获得软件下载收入。

当你能够明确地告诉听众，你的产品或者服务能够为他们带来什么，或者是你盈利模式中的核心利益点在哪里，很容易就能赢得听众的认可与共鸣。

作为一名创业导师，我曾跟很多年轻的创业者有过接触。

曾经有一位年轻人来找我，向我展示了一个艺术社交类APP的商业计划书。在该计划书中，他将产品的目标用户定位为基于艺术的社交，APP包含七

第三章
第一步：充分准备，为路演储备能量

个最基本的功能：经纪、拍卖、展览、在线媒体宣传、艺术品论、在线学习以及作品发布。

当我看到这份计划书的时候，我只问了他这样一个问题："为什么是你来做这个事情？你在这个事情上的核心优势是什么？"尽管年轻人向我反复强调这件事情他已经想得非常周全，只要去做的话，就一定能够取得好成绩，但是他却始终答不出自己的核心优势在哪里。

我只好婉转地告诉他，"假如有一个人比你在此领域更有优势，一个艺术博物馆或者是艺术品收藏机构来做这件事情，那么别人很快就能超越你，并且你没有任何可能性超过别人"。

我的话可能有些直白，但是却很现实地说明了一个道理。在路演融资过程中，如果你不能展现出自己独有的价值，提炼出自己的核心优势，是没有投资人愿意冒风险去投资你的梦想的。所以，在路演之时，提出自己的核心利益点非常重要。

制定路演长短期目标

路演者在进行路演之前，一定要非常清楚自己公司的战略定位。也就是说，对于公司的短期目标与长期目标要做到心中有数。

兴业银行在A股上市路演的时候，其银行的董事长高建平就曾这样答记者问：

本行发展目标可用一句话来概括，那就是建设"经营稳健、管理规范、成长快速、服务领先、特色鲜明、回报一流"的综合性银行，具体而言包括：保持较高的资本充足水平；保持业务的快速成长；广泛介入各个新兴金融业务领域，在各主要业务领域确立具有特色的经营模式和细分市场，形成强劲的专业服务能力和市场竞争能力；促进业务结构和收入结构的显著优化，大幅提高零售业务、新兴业务占比和非息收入占比；持续改善资产质量和财务状况，保持一流的投资回报水平。

围绕上述发展目标，本行将继续坚持从严治行、专家办行、科技兴行和服务立行战略，全面、深入、持续地推进业务发展模式和盈利模式两个转变，由此全面带动体制的调整、结构的优化、管理的提升、服务的改进，促使全行经营真正走上资本高效配置的发展道路，真正培育现代金融企业的服务功能，以此有效适应未来市场需求的新变化，从根本上保障本行的可持续发展。

在兴业银行董事长高建平的这段讲话中，他不仅明确地指出了兴业银行的短期发展目标与长期发展目标，还指明了兴业银行实现这些目标的具体战略步骤。这在一定程度上，就能赢得听众的信服与认可。

兴业银行A股上市路演的例子，其实就给我们提供了很好的借鉴。路演者在参加路演的时候，不论是参加融资路演、招商路演，还是上市路演，明确自己的长短期目标都非常重要。

这不仅是对自己公司发展业务的规划，也是给投资人吃下的一颗定心丸。只有你的长短期目标比较务实，让人感觉是可以实现的，才能获得听众的认可，进而成功达到自己的路演目的。

案例2："唯品会"IPO路演

唯品会在纽交所进行IPO上市路演，发行价区间在8.5~10.5美元，估值大约为4.63亿美元，融资约1亿美元。唯品会上市路演共分为五个部分：

第三章
第一步：充分准备，为路演储备能量

（1）唯品会CEO沈亚阐述唯品会所面临的市场机遇以及唯品会的商业模式；

（2）沈亚向大家展示唯品会自创立到现在所取得的成果；

（3）COO蒋泾向大家展示唯品会的运营能力；

（4）蒋泾向大家分享唯品会未来的成长策略；

（5）CFO杨东皓向大家展示公司的财务状况。

沈亚阐述唯品会的市场机遇时这样说："中国打折零售市场充满着机会。"

沈亚通过这样几个数据，展示了打折零售市场的机会所在：中国的服装库存占整个服装市场的50%；中国打折零售市场在2011年的市场规模达到了150亿美元（占到零售业的0.5%），2011~2015年的复合增长率则为56.8%。

强劲的市场消费需求、大量的商品库存、线下折扣的不完善，给打折零售市场创造了机会。

与此同时，沈亚还向众人展示了唯品会自创立以来所取得的成绩：

◎订单与营收获得了爆炸式增长。

◎用户增长迅速、黏度高。2011年新增活跃用户133万人；2011年重复购买用户占活跃用户的60.6%；2011年重复购买用户的订单比例达到了91.9%，并且这三个指标每年都有所增加。

◎唯品会正在成为时尚品牌开展折扣活动的优选渠道。

◎中国的折扣市场目前正在出现雪球效应、赢家通吃的局面。

一些品牌合作商更喜欢与一些大的网站进行合作，消费者在购买商品的时候也会选择那些商品种类比较全面的打折网站。这就造成了在品牌供应商与消费者之间生存的折扣渠道商出现了雪球效应，形成了一种赢家通吃的局面。

更多的品牌供应商提供品类更多的产品——形成更亲民的价格与产品选择——吸引更多消费者——生成更多订单——增加品牌供应商的销量——吸引更多的品牌商到唯品会——吸引更多的品牌供应商。

在介绍了唯品会所取得的叫喜成绩之后，沈亚还介绍了自己的精英管理团队，如表3-1所示。

表3-1 唯品会精英管理团队

管理人员	职业经历
沈亚	唯品会创始人兼CEO，有18年消费电子产品从业经验，中国广州NEM进出口公司前董事长，长江商学院EMBA
洪晓波	唯品会创始人兼唯品会副董事长，拥有12年消费电子产品从业经验，Societe Europe Pacifique Distrbution前董事长
蒋泾	唯品会COO，拥有20年中国零售行业从业经验，当当网前高级副总裁，曾服务重庆家乐福、家乐福中国总部和华润万家等零售企业
唐倚智	唯品会副总裁，10年中国物流从业经验，特易购中国北部物流总监、当当网前物流高级总监
杨东皓	唯品会CFO，圣元国际前CFO
洪美娟	唯品会副总裁，20年百货零售从业经验，君太百货前副总裁
蔡险峰	唯品会上海公司总裁，拥有19年零售行业从业经验，IGA前总裁

随后，COO蒋泾向大家展示了唯品会强大的运营能力。

◎强大的采购能力。

截止上市之日，唯品会共有近两百名采购人员，主要负责以下事宜：与品牌供应商维系关系；了解和研究消费者；维护商务智能系统（具体工作包括，对品牌的选择、对促销活动的管理、洞察消费者行为、展开定制营销等等。）

◎闪购模式下独特的仓储物流体系。

第三章
第一步：充分准备，为路演储备能量

相比于传统的电商平台，唯品会有着更短的销售周期、更快的销售过程，商品的吞吐量非常大。闪购的特殊商业模式，使唯品会的仓储物流体系更为复杂，需要进行相应的"定制"管理。

◎与闪购模式相对应的特制IT系统。

唯品会所建立的仓储物流体系是为其闪购模式服务的。传统电商模式下，SKU比较固定，相比于闪购时所产生的订单而言，相对较少。传统电商介入闪购领域，就需要重新打造出全新的物流仓储与IT系统。

◎优质特卖网站的进入门槛相对较高。

特卖网站有很多，为什么唯品会能够成功启动IPO？这是因为，相比于一般的电商网站，唯品会具有这样几点优势：首先便是规模优势；其次，进入市场的时机恰到好处；再次，商业模式符合市场发展趋势；最后，管理团队具备优秀的执行力与运营能力。

唯品会强大的运营能力，以及商业模式优势，使其在中国线上零售折扣市场占据了极其有利的位置，为其今后的快速发展奠定了基础。

在分析了唯品会强大运营能力的同时，蒋泾还分享了唯品会在未来的发展策略（见表3-2）。

表3-2　唯品会发展策略

发展策略	具体发展策略
区域扩张策略	（1）伴随着仓储能力的扩张，开始建设区域性网站 （2）提高在新增城市的渗透率
产品扩张策略	（1）增加合作特卖品牌，提高品牌商在唯品会的销量 （2）不断扩展商品的品类 （3）与品牌供应商建立排他性合作关系
渠道扩张	（1）坚持在移动端的扩张策略 （2）与更多的社交平台展开进一步的合作

路演商战

在蒋泾发表演说之后，唯品会CFO杨东皓向大家展示了公司的财务状况。财务状况的展示，主要包括这样几个方面：年度与季度的营收情况；毛利率的改善情况；仓储物流商的持续投资对推动唯品会经济长期增长的情况；巨大的运营杠杆与低市场营销费用对企业的发展影响；净利率不断改善，运营现金流不断增强；未来扭亏为盈的重要途径等等。

其中，杨东皓重点提及了扭亏为盈的途径：

1.有效改善毛利率
借助与供应商议价能力的提升来提高自身的定价能力。
2.降低仓储物流费用
提升仓储中心的利用率，不断完善仓储系统。
3.降低市场营销费用
通过口碑效应来提升企业的知名度。
4.控制行政管理费用
对成本进行严格控制，加大经营杠杆的作用。

通过以上四条措施，保证唯品会最终实现利润的增长。

在唯品会上市路演过程中，CEO、COO、CFO都做了充分的路演准备，不仅制作了精美的PPT进行说明，更对唯品会发展过程中所遇到的瓶颈问题做出了具体的分析，拿出了详细的解决方案。这些都非常有利于打动听众，为A股上市做好准备。

第三章
第一步：充分准备，为路演储备能量

剧本准备：达成共识的基础

做好了标的准备，接下来我们就要精心准备剧本。何谓路演的剧本？在我看来，就是那些落到书面上的，能够给路演者提供一定的指导与提示的文件。比如，路演策划书、商业计划书、制作精美的PPT以及精彩的路演视频。

这些可见可感的东西，就像是路演的血肉，让听众在观摩的同时，能够更深入地领略路演者的美好愿景与思想精髓，进而达到一种与路演者精神共鸣的目的。

"路演"策划书：让"路演"活动有章可循

路演与演员演出一样，需要路演者在参加演出之前做多次演练与彩排。路演"策划书"就是路演者的剧本。参照着路演策划书，进行多次演练，做到对路演的每一个环节都烂熟于心，才能让自己的路演活动变得有章可循。

那么，路演策划书一般都需要包括哪些内容呢？我们可以参照一份路演计划书。

路演商战

XX轿车车展路演策划书

一、活动背景

河北省C市拥有200多万人口，是一座中等城市，目前家庭汽车在该市刚刚起步。当今的经济环境日趋良好，居民收入稳定提高，汽车在该市的销售情况较好。消费者大多喜欢一些经济实用车型，以满足代步需求。XX家用轿车在当地的销售情况相对较好。

二、活动主题

"靓车美女畅享激情夏日，试驾XX轿车体验时尚生活"

三、活动地点

C市所属：B市区、H市区、Y市区、D县、M县、N县、Z县、Q县，共计8个县市。

四、活动时间

2016年7~8月每周六（或周日，依天气状况调整）全天。

五、主要内容

1.××车队巡游宣传；（上午）

2.广场车展；（下午至晚上）

3.试驾；（下午至傍晚）

4.歌舞助兴表演。（下午、晚上两场）

六、活动目标

1.全面宣传，展示2019年主推车型的性能、特点以及价格优势；

2.提升××轿车的品牌形象及其在当地消费者中的知名度，增强潜在消费者对××车型的信任度。

3.增强与县级汽车经销商的合作关系。

七、前期准备工作

1.协调场地；

第三章
第一步：充分准备，为路演储备能量

2.设计、制作宣传物品；

3.聘请演艺公司（4S店）；

4.聘请锣鼓队，巡游引导；（各县市经销商）

5.搜集市场相关信息；

6.保障后勤（明细）。

八、造势宣传方案

1.在县市有线电视做飞字广告；

2.制作DM单；

3.制作海报、条幅；

4.给客户发送活动短信；

5.利用客户档案对其展开电话通知。

九、现场布置（以首站D市为例）

1.广场氛围塑造

广场周边插上彩旗，彩旗上印有车展的主题，尽量保证每句主题的字体与颜色不同。观众席挂横幅，横幅印有"靓车美女畅享激情夏日，试驾XX轿车体验时尚生活"的主题。

2.汽车展区氛围塑造

请媒体记者进行参观以及现场访问，将汽车展区的氛围搞起来。

3.演出舞台氛围

请有经验的活动主持人，能很好地活跃与调节气氛。

十、活动流程

1:时间流程

8：00：车模、锣鼓队、演艺工作人员到位，工作人员布置现场和舞台。

8：30：车队沿巡游路线巡游。

11：00：布置现场之后，进行安检，对音响设备进行调试。

12：00：将展出车辆调集到位。

13：30：开始播放音乐，工作人员各就各位。

14：00：演出开始，进行试驾报名。

16：30：演出结束，试驾继续。

17：30：车队巡游。

19：30：播放DJ音乐暖场。

20：00：晚场演出开始。

22：00：活动结束。

2.演出节目单

（1）进行一些互动游戏

（2）车模秀场

（3）当天参与购车者进行互动

十一、活动经费预算

支付给工作人员的费用以及各种设备租赁费用等等。

这虽然只是一份销售路演计划书，但是从中我们不难总结出这样几个路演计划书必备要点：

（1）场地，也就是在哪里进行路演。

（2）路演的主题，以及路演的主要内容，路演是为达到什么目的服务的。

（3）前期的准备工作以及路演活动中需要注意的问题。

（4）路演团队的主要成员及其各自的职责。

路演的类型虽然不同，但是所需要的环节却大同小异。围绕着这些要点展开路演设计，就能保证路演活动顺利展开，取得想要达到的效果。

第三章
第一步：充分准备，为路演储备能量

商业计划书：推销企业信息的书面材料

商业计划书主要用于融资路演。商业计划书应该是推介企业信息最全面、最细致的书面材料。商业计划书写得好，项目阐述得清晰，就可以给投资人留下很好的印象，有利于加快双方的合作。

一份好的商业计划书，对于企业投融资的重要性是不言而喻的。笔者根据多年的投融资经验，从以下几个方面来介绍商业计划书。

一、商业计划书的作用

1.指导企业的经营活动

有了商业计划书，创业者就能更加清楚自己需要做什么，知道做事的方向、路径，需要的资源、要素等等。

2.发挥融资的作用

商业计划书是创业者与投资人之间沟通的一个桥梁，有了商业计划书，二者之间的合作效率就能更高。所以，对于任何一个创业者而言，学会撰写与利用商业计划书都是非常必要的。

二、商业计划书的内容

商业计划书最主要的内容是项目定位。除此之外，你还需要多问自己几个问题：为什么要这么做（发现市场需要与问题）？怎么做（商业模式与盈利模式）？由谁来做（核心团队成员是谁）？有何长处（找到自己的优势所在）？项目当前的成就，以及下一步的计划？愿景如何？需要融资多少？

如果你的计划书中能够对这些问题进行详细的解释，那么，你的项目计划书在内容上就是相对比较完整的。

也许你会问，如果不会写商业计划书，那怎么办？很好办，按照以上问题给出答案，然后配以图片与PPT来加以展示就可以了。

当然，商业计划书不需要长篇累牍，通常只需要十五页的PPT，项目的阐述时间以五分钟为宜。如果你能在三分钟之内阐述完毕，效果会更好。这是因为投资人的时间非常有限，每一分都很宝贵，他们喜欢直截了当。那些思维清晰、做事比较有条理的创业者，往往能够更受投资人的青睐。

三、商业计划书制作需要遵循的原则

商业计划书的制作需要遵循一个从易到难，再从难到易的过程。先根据商业计划书的内容制作PPT，然后根据框架将你所进行的深入思考全部填充进去，然后对每一页的内容进行一个深入总结，最后用高度概括的话语表达要点。

商业计划书最主要的作用，就是帮助创业者梳理思路，让自己能够对所做的项目了然于胸。PPT的作用只是辅助，所以每一页PPT使用的文字也不宜太多，只要每页留下关键字句、数据与图片即可。

四、商业计划书的完善

商业计划并不是完全不变的，而是要随着项目进度的发展而不定时更新。每次更新，其实就相当于对每个阶段的总结，这个总结不仅不会占用你太多的时间，还会让你在每次更新之后，对自己所从事的项目有更加深入的认识，为项目增添新的亮点，进而更加吸引投资人。

五、商业计划书的版本

一些经验丰富的创业者往往会给自己的计划书制作两个版本，一个是简版，给那些交往不深、不是很熟悉的投资人看；另一个则是详细版，给值得信任的投资人与合作伙伴看。

当然，也可以将机密的信息内容做成附件，根据情况来决定是否给投资人看。这就要求创业者具备一定的辨别能力，能够识别出哪些是靠谱的投资人，哪些是不靠谱的。这样，才能保证自己所投出的每一份商业计划书都不会白投。

六、修改商业计划书的方式

商业计划书拟定好之后，最好的修改方式是在自己公司的内部进行一次路

第三章
第一步：充分准备，为路演储备能量

演，或者是找那些可以信任的投资圈朋友为自己把把关。在朋友的参与下，将商业计划书做得逻辑清楚、亮点突出、说服力十足，这样在正式融资的时候，才能取得最佳效果。

当创业者能够根据这六个方面来撰写自己的商业计划书，就能保证自己的商业计划书很全面，每一个环节都是有用的，每个数据都是投资人想看的，最终为路演成功准备好一个最佳的剧本。

PPT展示：调动听众兴趣

人都是感官动物，对于听众而言，仅是耳朵听到，也许会无动于衷，如果你能让他看到，调动起他的倾听兴趣，也许就能取得意想不到的效果。

作为一名创业导师，我曾跟很多创业者有过接触，我发现凡是那些比较成功的创业者，大多对自己的路演准备工作非常重视。在路演PPT演示一环，也会花费不少功夫。一位创业者就曾这样说："我认为，最佳的路演是能够在五分钟内介绍完自己的项目，创造'一分钟奇迹'。何谓'一分钟奇迹'呢？就是一分钟内吸引你的投资人。而今，创业大潮高涨，路演几乎天天都在上演。有些创业者在展示自己项目的PPT时，往往没有侧重点，PPT制作粗糙，让人不明所以。这就很难吸引投资人的注意力，也就很难打动投资人。"

的确，投资人的时间是非常宝贵的，而且他们具备非常敏锐的直觉与判断，对于任何一个创业项目都能瞬间作出判断。如果你的PPT条理不明，逻辑不清，让投资人感觉是在浪费时间，那么你融资成功的希望就非常渺茫了。

聪明的创业者会怎么做呢？巧妙利用PPT的展示功能，在展示过程中深深吸引投资人。

关于如何用PPT吸引投资人，光谷咖啡创投有限责任公司的执行总经理宣

路演商战

洁这样说：

制作路演PPT需要注意这样三个要点：

第一，态度要严谨。有些创业者在制作PPT时，为了图方便，直接将别人的PPT复制下来，然后把自己的公司名称换上去。态度很随意，有时候，甚至连别人公司的Logo都没有替换下来。这样的PPT就是非常敷衍的，是对自己与投资人的不负责任。投资人每年都会看很多的项目计划书以及项目PPT，你所制作的PPT是否用心，他们一眼就能看出来。对投资人而言，项目人的态度认真与否，是他们考察项目的一个重要因素。

第二，明确你的PPT是给谁看的。假如你的PPT是做给技术总监看的，那么，你在PPT里就要重点讲解清楚产品的参数、功能等方面的数据；如果是做给投资人或者风险投资机构看的，你就要让他们弄清楚你这个人是谁，项目的主要内容是什么，现在做到了什么程度，你的商业模式与团队如何，融资计划怎样等几个方面的问题。最经典的PPT，不需要你去展示太多繁琐复杂的东西，只需要你将项目与团队的优势展示出来即可。

（对此，我要提醒广大创业者，如果你能以换位思考的方式，站在投资人的角度来思考他们对项目或者产品的想法以及反应，把客户的反应放在第一位，就能取得不错的路演效果。比如，PPTV最初的名字为PPLive，可是，很多人念不准live这个词。PPTV的创始人姚欣站在客户的角度思考之后，将PPLive改为了PPTV。"TV"这个词比较通俗，用户也很容易接受。所以，我们说，创业者要站在市场与客户的角度去做文章。）

第三，想清楚如何才能让投资人信任你。其实，严格说来，这一点是需要看你的能力、技术、团队等等方面的综合实力的。你要准备足够的路演内容来支撑你的路演项目。

第三章
第一步：充分准备，为路演储备能量

在制作PPT的过程中，如果你能站在这三个点上去组织语言，精心准备PPT，投资人就会觉得你这个人是比较认真负责的。当投资人认可了你这个人，觉得你是站在他们的角度在做一个项目，他们就不会认为你是在浪费他们的时间。这在很大程度上，就有利于双方合作的达成。

除此之外，如果我们在制作PPT的过程中，能够注意这样一些技巧，往往能给我们的PPT锦上添花。

◎ 7±2＝5~9原则

这是什么意思呢？也就是说，每张幻灯片中传达5个概念效果最佳，7个概念人脑处理起来则有些勉强，达到9个概念的时候，人脑处理起来就会相对困难，这时就需要制作者重新组织PPT的内容。

◎ 深入浅出原则

我们制作PPT的目的是想要把自己所理解的东西讲解给听众，所针对的人群是大众而非小众。只有做到深入浅出，才更有利于听众理解与掌握。

◎ 多用图表说话

相比于密密麻麻的文字，很多人喜欢看制作精美的图表。人在看到图表的时候，第一眼就会寻找最低值与最高值，接着便是寻找那些与自己相关的。如果你能够将这三样东西标出，别人在看的时候就能一目了然。

◎ 多用图，少用字

很多有经验的路演者都非常提倡这样一点：PPT中不要使用太多的文字。与此同时，还要让别人对你的PPT数量有所了解。想办法让别人知道你的PPT还剩下多少，让别人了解你所要说的条理与结构，这些都是非常重要的。

◎ 动画效果不要超过3种

有效果的PPT不一定是用精美的动画堆砌出来的，相反，朴素一些的PPT也许更受欢迎。

◎经常使用一些口语

口语化的语言，往往更受听众的欢迎，这会给别人造成一种类似面对面谈话的效果。

◎字体大小

大标题44点粗体；标题一，32点粗体；标题二，28点粗体；标题三，24点粗体。

◎用图规则

制作PPT的目的是让别人看到文字，而不是图片，所以图片不要太鲜艳，以免分散观看者的注意力。

◎PPT背景与字体颜色的搭配以对比鲜明为宜

PPT背景若是深色则搭配浅色字体，PPT背景若为浅色则配深色字体，对比强一些，会提升观众的观看舒适度。

◎文字不要铺满全屏

PPT中的文字主要是起提纲挈领式的作用，所以显示的内容也越精炼越好。

掌握了PPT的制作技巧，再辅以严谨、认真的态度，相信每一位创业者都能制作出精美实用的PPT演示稿。利用这些PPT演示稿，就能为自己的路演增添有力的砝码，有效地说服听众，为路演成功加分。

路演视频：企业最大的信息综合体

不管是IPO路演，还是融资路演、销售路演，路演视频都是路演过程中非常重要的一个信息载体。那么，到底什么是路演视频？

第三章
第一步：充分准备，为路演储备能量

所谓路演视频就是将各种最有价值的信息以及最想植入的信息进行综合，传递给更多的听众。

在很早之前，我们的手机不像现在的手机有如此多的功能。最早的手机，除了接打电话、收发信息，能拍照与聊QQ就算是不错的了。随着时代的发展，智能手机应运而生，现在的手机已经成为人们生活中的一部分，化身为"移动终端"。除了基本的接打电话、收发信息功能之外，还能上微信、视频通话、出行导航……电脑所能做的事情，手机基本也都能做到。视频也便在这种时代发展的洪流中应运而生。

最早的视频，内容比较简单，特效古板，但随着电影、电视剧等影像的不断发展，视频短片的质量也在逐年提升。路演视频也就伴随着科技与时代的进步，慢慢诞生了。

路演视频是最大价值信息的综合体，必须要符合整场路演的逻辑，先讲什么后讲什么，在路演的过程中需要重点植入哪些重要的思想，这些都是需要视频制作者在制作视频时重点考虑的问题。

随着时代的发展，善于利用影视的力量来进行宣传造势的人也越来越多，苹果教父乔布斯就堪称是其中的翘楚。

当苹果陷入巨大的经营危机，面临覆亡的命运时，乔布斯被紧急召回，面对残酷的现实，乔布斯陷入了沉思。经过多方面思考，他决定利用影视的力量来推动苹果的发展。

为此，他给美国广告界广告视频的鼻祖克劳打电话，请他帮助苹果制作一个可以给苹果带来勇气与愿景的东西。

克劳与乔布斯通力合作，制作了一个只有30秒的愿景短片，而这个只有30秒的愿景小视频在后来被称为广告界最牛愿景片。

让我们一起来欣赏一下这仅仅只有30秒的视频短片的旁白：

致疯狂的人

他们特立独行,他们桀骜不驯,他们惹事生非,他们格格不入。他们用与众不同的眼光看待事物,他们不喜欢墨守成规,他们也不安于现状。你可以认同他们,反对他们,颂扬或是诋毁他们,但唯独不能漠视他们。因为他们改变了寻常事物,他们推动着人类不断向前迈进。或许他们是别人眼里的疯子,但他们却是我们眼中的天才。因为只有那些疯狂到以为自己能够改变世界的人,才能真正改变世界。

如图3-2所示,在该视频短片中,爱因斯坦的形象曾多次出现,这一方面说明了乔布斯对爱因斯坦这个天才的推崇与敬意,另一方面,也传达了一种疯狂的创造精神。

图3-2 "疯狂的人"

第三章
第一步：充分准备，为路演储备能量

这段视频短片制作完成以后，克劳曾经这样高度赞扬乔布斯在影视欣赏方面的功底。甚至在乔布斯去世之后，克劳还曾这样评价乔布斯："或许再也不会有任何一个CEO会像乔布斯一样重视运用影视的力量来拯救苹果了。"

随着时代的发展，视频科技越来越发达，越来越多的路演者开始尝试运用视频的力量来为自己的项目吸引公众视线，为自己的项目吸引融资。

在一些众筹网站的众筹项目中，几乎都会录制一些视频，让认筹人来观看。比如，众筹网上这样一个智能项目《一场洗衣革命——小元Mini超声波洗衣器》。

整个众筹项目只有一张图片（见图3-3）以及一组视频。但从这小小的视频中，所传达出来的内容却是相当丰富的。不仅介绍了这款小小的微型超声波洗衣机器的便捷之处，还非常详细地介绍了此款机器的功效。利用超声波洗衣，不伤手、不伤衣，清洁效果出众，并且不管是出差还是旅行，携带方便。图文并茂的视频内容，很具有说服力，目前该项目众筹已经获得了成功。

图3-3 小元Mini超声波洗衣器

视频是最富感染力的有声宣传手段，利用视频为路演做好辅助工作，也能让我们的路演取得不错的效果。

案例3："阿里巴巴"品牌路演

2014年9月，阿里巴巴在美国IPO上市，阿里巴巴的上市，在全球范围内都引起了极大的轰动，堪称IPO史上最盛大的一次上市。

阿里巴巴上市之前，在美国以及新加坡、多伦多、中国香港等多个国家和地区所进行的路演，也表现得非常出彩。经过多方路演，最终在阿里巴巴正式IPO上市之前，确定了其IPO的发行价格。

阿里巴巴路演之时，向投资人讲了一些什么呢？让我们一起来看一看阿里巴巴的路演PPT吧！

一、公司简介

我们是谁？我们是世界上最大的电子商务公司以及移动商务公司；致力于改变中国的贸易现状；支持小企业的发展；借助数据来洞悉消费者行为的商务领军者。

我们的愿景，是为未来的商业建造更多的基础设施（见图3-4）。

图3-4　阿里巴巴品牌路演——我们的期望

第三章
第一步：充分准备，为路演储备能量

中国的电子商务面临着巨大的机遇，在2013年，网购仅仅占到总消费额的9.0%（见图3-5）。

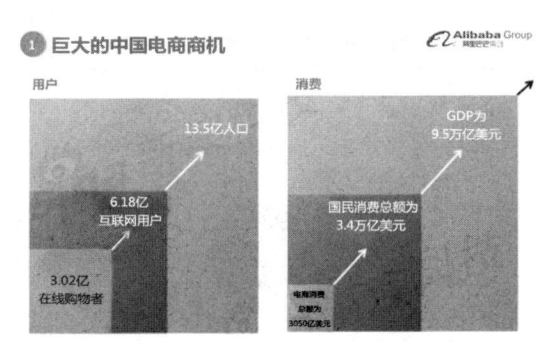

图3-5　阿里巴巴路演——电商商机

阿里巴巴是全球最大的线上电子商务公司，2013年的成交总额达到了2480亿美元（见图3-6）。

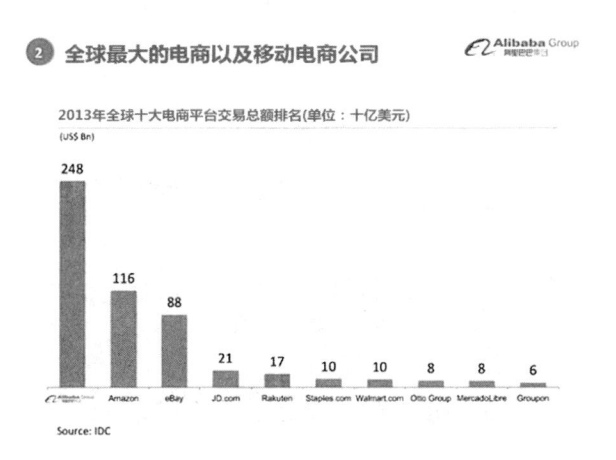

图3-6　2013年全球十大电商平台交易总排名

大型的电子商务平台吸引了大量的卖家与买家。截止到2014年6月30日的12个月里，活跃卖家达到850万户，活跃买家达到2.79亿人，成交总额达到

路演商战

了2960亿美元,挂牌出售的产品与服务达到10亿件,订单的数量达到了145亿(见图3-7)。

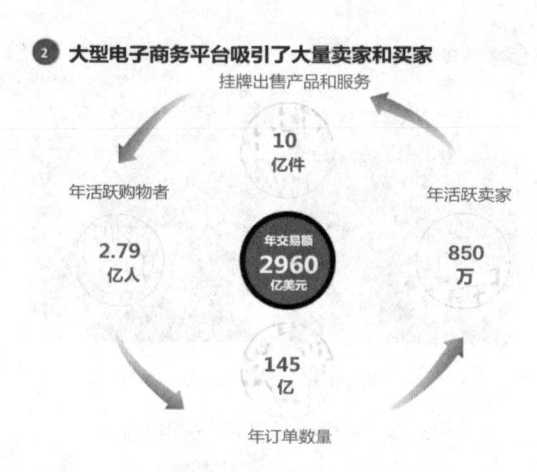

图3-7 大型电子商务平台吸引的卖家和买家

我们是中国最知名的在线零售市场,为你创造"随便买"的方便;最大的在线购物网站淘宝网;最大的品牌零售平台天猫;最具人气的团购市场聚划算(见图3-8)。

图3-8 阿里巴巴诸多在线网购平台

第三章
第一步：充分准备，为路演储备能量

二、批发和跨境市场

（1）国内方面——阿里巴巴网站是零售商户最青睐的批量采购站点，网站拥有超过72.9万（截至2014年6月30日）付费会员。截至2014年6月30日，在过去的十二个月中，通过支付宝实现的成交总额为227亿美元。

（2）国际方面——阿里巴巴网站（Alibaba.com）是中国最大的全球在线批发市场，拥有的付费会员超过12.8万，全球速卖通（AliExpress）更是能够让全球消费者向中国批发商和生产商购买产品，成交总额为45亿美元。

阿里巴巴具有可升级的物流平台，卖家与买家遍布在中国127个城市以及美国9个城市，截至2014年6月30日，在过去的十二个月里，发送包裹的数量超过60亿个。这是由智能联网信息平台实现的。在14家配送合作伙伴中一共有1800多家分拣中心，9.7万多个配送站以及逾110万名送货员，配送范围覆盖600多座城市。

移动商务的领军人物：移动端成交总额达到710亿美元，移动端月活跃用户达到1.88亿人。在中国移动端的零售总体成交总额中所占比例达到86%，在移动端交易总体成交总额中占比达到33%（见图3-9）。

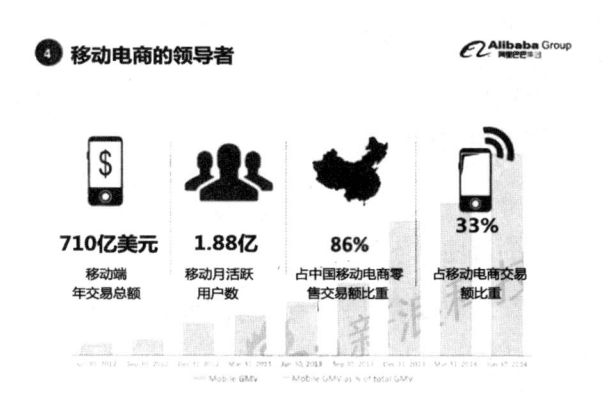

图3-9　移动电商的领导者

三、关键增长战略

◎增加活跃的买家数量及其电子钱包分享,从多个方面助力卖家事业的成功,扩展商品的类别和品目,加强大数据开发和云计算技术,拓展公司在移动领域的领军地位,发掘跨境商业机遇(见图3-10)。

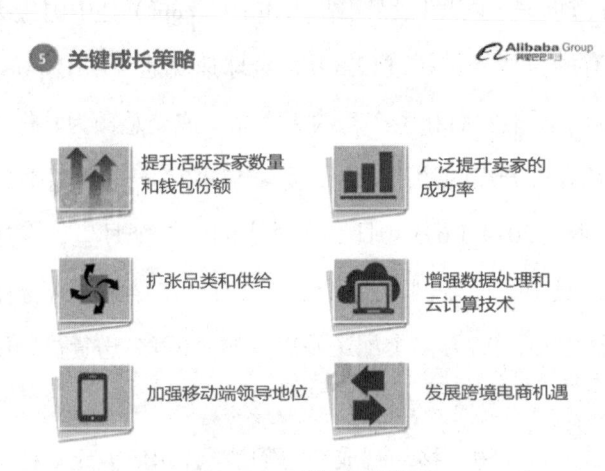

图3-10 关键成长策略

◎通过战略联盟与并购的方式,加强公司的生态系统:获取更多用户并提高用户融入度,提升顾客的使用体验,不断拓展产品和服务。

成就斐然的管理队伍以及强有力的公司文化:常务董事长马云、常务副董事长蔡崇信、CEO陆兆禧、CFO武卫、COO张勇、CTO王坚。多年来,公司稳扎稳打地不断开发和推出大型的新兴业务。

财务要点:

——更有吸引力的市场业务模式;

——电商业务成交总额持续增长,移动端成交总额占比预计将增加;

——移动端货币化率预计将持续逼近非移动端;

——强劲的收入增长;

——结构上的成本优势以及强大的运营杠杆;

——对长期增长的投资；

——强劲的现金流生成。

四、盈利模式

包括店面费用、在线营销服务、销售佣金、广告位费用、会员费及增值业务费用等等。比如，对于淘宝卖家来说，在淘宝开店并进行推广需支付店面费和营销服务费，推出并推广"聚划算"团购活动，需支付销售佣金和广告位费用。

（注：因篇幅所限，以上资料源自于阿里巴巴路演媒体资料）

主角准备：确保路演万无一失

路演是一场精心准备的演出，而路演者就是演出的主角。路演的标的准备、剧本准备只是路演的软件条件，而路演者的自身素质则是路演的硬件准备。只有路演者的素质过硬，才能确保在路演时遇到任何状况都能轻松应对，保证路演的万无一失。

路演人代表企业形象直接面对受众

路演者的形象如何，将会直接影响投资人对该企业印象的好坏。在从业多年的过程中，我曾参与过很多次路演，也见过很多路演者，对这一点可谓是深有体会。

我曾遇到过不少这样的路演者，他们平时因为忙于事业，对个人形象问题不够重视。有时候为了参加路演，乘飞机从外地赶到会场，一路奔波之后，整个人的状态会非常不好。结果，因为时间紧促，他们往往风尘仆仆地进入会场。这样的路演者，经常会因为状态不佳，导致路演时语言组织混乱，让投资

第三章
第一步：充分准备，为路演储备能量

者感觉不知所云。

正是因为如此，我才会提醒身边的创业者与路演者，当他们在参加路演的时候，一定要注意个人形象这一细节，以便给投资人留下一个不错的第一印象。

要知道，路演者站在路演的舞台上，所代表的已经不仅仅是你一个人的形象，而是整个企业的形象。由此，路演者形象的好坏，将会直接影响投资人对企业的印象。

路演是否能够成功，虽然不是靠路演者的脸决定，但是不能否认，路演者的形象气质绝佳的话，就能在一定程度上赢得投资人的好感，为路演者的路演成功加分。

那么，路演者该怎么做，才能保证自己在路演时保持最佳的形象呢？从以下几点做起就好：

一、精神饱满

一定要让自己保持一个良好的精神状态。我们看人往往会先看一个人的精气神，如果这个人的精气神各方面都很不错，给人的第一个印象就会非常棒。

路演者在路演之前可以提前到达会场，调整自己的状态，让自己的状态达到最佳，精神饱满地投入到路演中去，这也能最大程度地赢得投资人的好感。

二、熟练掌握路演内容

路演者如果对路演内容不熟悉，在路演时就会紧张，甚至是不知所云。为了解决这个问题，就需要路演者熟悉路演内容，做到对路演心中有数。

此外，我们所说的熟练并不仅仅只限于内容，还包括路演时的手势动作、气场、语气、语调等等演讲方面的基础知识。

三、守时

守时在路演过程中，不仅仅体现着一个人的良好品德，更体现着一个人对自己所选择项目负责的态度。所以，路演者一定要注意，参加路演时，千万不要迟到。对此，我的感触可谓是极为深刻。

我曾组织过一次企业路演，活动之前，曾千叮咛万嘱咐，千万不要迟到。可是当天，这个企业的路演者却因为没有做好准备，堵在路上了。

当天出席的投资者都是来自深圳比较有名的投资机构，甚至还有两个机构的总裁亲自过来了。这些投资者对该企业都很看好，所以就很耐心地等了这个企业的路演者十几分钟。

结果，该路演者风风火火赶过来之后，只说了两句无关痛痒的话，连诚恳的道歉都没有。当时我一看，就觉得气氛不对。果然，那些有投资意向的投资人都对该路演者非常失望，原本的投资意向也取消了。虽然这个企业很不错，但是因为投资人对路演者的个人素质非常失望，路演还没有结束，几个投资人就提前走了。结果也就可想而知，该路演者没能在此次路演中融到资。

很显然，这个路演者的失败，就在于他没有注意个人形象，对投资人不够尊重，没有守时守信。要知道，路演投资人来听你的路演，就是来给你送钱的呀！企业如果足够重视，赢得投资人的好感，很可能就此使企业走上康庄大道；反之，就得回去继续找投资人。

面对我的这个说法，有些创业者甚至还振振有词："个人形象真的那么重要么？毕竟，对投资人而言，他们更看重的是项目的含金量，只要我们的项目亮点突出，还怕投资人不买账么？"

对此，我想说的是，细节决定成败。项目的含金量固然重要，但若是创业者不重视一些细节，就会给投资人留下非常糟糕的印象。比如，我们就拿路演迟到来说。对企业而言，路演融资可谓是关乎企业的发展，如果这么重要的事情，路演者都会迟到，那么投资人可能就会对创业团队的态度产生怀疑，也就会质疑这个团队是否能够在市场上站稳脚跟。

第三章
第一步：充分准备，为路演储备能量

综合上述，我们不难发现，路演者的个人形象细节，对路演的结果有着非常重要的影响。所以，对于路演者而言，就需要从多个方面提升个人形象。我们仔细研究一些优秀演说家的演说视频，就会发现，凡是那些优秀的演说家，基本都很注意个人形象，在每个重要的演说场合都会穿戴整齐，将精神状态调整到最好，从而从容应对每一场演讲，并出色发挥。

这些都是值得路演者学习的地方。一个人留给他人的第一印象是好是坏，直接能决定他人是否会与你继续交往。对于路演者而言，投资人是否愿意给你继续深入交谈的机会，则直接决定了路演融资的成败。

路演人的胜任人选

不管是融资路演、上市路演，还是销售路演，路演人员对路演的重要性都是不言而喻的。

那么，对于企业而言，如何才能选出最适合的路演人选呢？这其中就有很大的学问。对于任何一场路演来说，路演者都要具备一定的专业素质，否则，在面对众多投资人或者是用户的时候，很可能就会手足无措，将路演搞砸。这一点，对于商业路演来说尤其重要。

那么，在商业路演中，路演者需要具备哪些专业素质呢？

一、具备取信于人的能力

对于演讲者来说，取信于人的能力非常重要。当演讲者具备了取信于人的能力时，听众才更愿意去相信他。取信于人的能力越强，演讲者的话就越容易使听众信服，演讲也就越容易取得成功。

取信于人的能力那么重要，它究竟是怎么来的呢？一般来说，取信于人的能力主要从以下三个方面获得。

路演商战

◎眼神与微笑

眼神与微笑往往能够透露出路演者的精神状态，如果路演者是紧张的，微笑就会变得不自然，同时眼神还会变得游离、闪躲。这样的神态，显然就是不自信的表现。

◎站姿与移动

路演者的站姿要尽可能地挺拔舒展，这样才能够展现路演者的自信，同时也能避免路演者做出一些摇晃转动或者抖动的小动作。当然，如果路演者一定要有所移动，这时候要尽可能地放慢移动的速度，同时还要注意保持与听众眼神的对接与交流。

◎手势

手势的使用范围尽量不要超出自己身体的范围，也就是说在胸前或者头部区域，在这个区域做手势，往往能够很好地凸显出演讲者的力量。关于手势这方面的使用技巧，我建议大家可以多观摩乔布斯的演讲视频，不少业内专家一致认为，在所有企业家里面，乔布斯的演讲手势是最专业、最有力度的。

二、得体专业的外在形象

就像我们在前面章节所说的那样，一个人的外在形象会直接影响投资人对他的第一印象。云来科技的路演者鹏飞就是比较专业的一位。

在云来科技的融资路演中，鹏飞利用了不错的专业外形，给投资人留下很深刻的印象，以至于有些投资人虽然一开始并没有弄懂他的商业模式，但是却愿意给他更多的机会。

很显然，他的估值有些严重偏高了，但是他赢就赢在了专业上。

所以，对商业路演而言，演讲者一定要注意自己的专业形象，花费一些心思用在自身的包装上，这本身也是一种投资。

第三章
第一步：充分准备，为路演储备能量

这位路演者凭借着专业的形象赢得了投资人的信任，其融资结果也是非常让人欣慰的。

三、使用专业的概念与语言

在商业路演中，如果你能经常使用一些比较专业的词汇，就能有效地提升个人的专业度。当然，使用专业词汇的前提是听众能够理解你说的是什么。

比如，云来科技路演者鹏飞在路演过程中就曾使用了H5这个概念。这个概念一提出，就让投资人对他的模式产生了浓厚的兴趣。一些新奇的概念更容易让听众产生好奇，这本来就是人的一种常见心理。如果我们能够抓住人的这个常见心理来组织我们的路演，在吸引人的同时，也显得我们的路演更专业。

以上观点，我们是站在专业的角度所确定的对路演者的选择标准。正式路演的时候，除了要求路演者具备这些必备素质外，还要求路演者具备极佳的演讲能力。

路演者演讲能力的必备要素都有哪些呢？一位曾参加过多次路演的路演者将这些必备素质总结为以下几点：

◎路演者要能够使用恰当的语言来表述自己的思想，传达自己的观点。同时，还要学会用自己的情绪与肢体语言去感染听众，引起听众的共鸣。

◎好的路演者与路演项目才是路演的根本，PPT等外在因素只是为路演者服务的，不要让外在因素束缚了自己的发挥。

◎路演之时，应注意一定的技巧以及应变能力，比如，对舞台位置的选择，路演者要学会选择黄金分割点。

◎路演者要具备极佳的心理素质，在路演之前先让自己放松、冷静，为正式路演做好准备。

◎要把握好演讲的尺度，能够让观众感受到你的诚意，让投资机构对你的后续演讲有兴趣。在路演之时，你只需要把握这样几个要点即可：简单地阐述

项目，重点阐述清楚项目的亮点，简洁明了地表达出你的诉求。

路演人如果能从外在条件与内在素质两方面入手，就能很好地提升自己在路演之时的表现，进而赢得投资人的好感与持续关注，为后续与投资人的进一步交往与合作打下基础，为自己的创业成功融来第一桶金。

路演人的职责

随着"大众创业、万众创新"的创业大潮兴起，越来越多的人加入到创业的洪流中。在全国各地，路演几乎每时每刻都在上演。创客空间、孵化器、创业俱乐部等等，创业融资平台为创业者提供了很大的便利。

在这种情形之下，越来越多的路演者实际上已经成了创业者。

能够走到路演舞台上的创业者，每一个其实都是有故事的人，他们身上也担负着一定的职责。比如，融资路演者身上的职责就是尽一切可能融资成功；上市路演者身上的职责就是让公司发行的股票成功销售出去；销售路演者身上的职责就是成功推销公司的产品……

只有责任感强烈，时刻都以这种责任感来要求和警醒自己，才能更好地去履行和实现自己的职责。

我们以融资路演为例，来看一看路演者究竟该如何出色地完成自己的职责与使命。

在融资这条路上，如上所述，每一个创业者都是有故事的人，但创业者如何去讲述这个故事，却是值得创业者深思的问题。我曾参加过多次融资路演活动，也经手过很多路演项目。在我看来，每个创业项目都有自己独特的优势，可是有些路演者善于表达，有些路演者不善于表达，这就造成了截然不同的两

第三章
第一步：充分准备，为路演储备能量

种路演结果。善于表达者，很轻易就能赢得导师与投资机构的认可，不善表达者则很可能会直接被导师或者投资机构否定。

如何准备一次出色的项目路演，如何赢得投资方的青睐，如何让自己的项目路演做到收钱、收人又收心，这其中就大有学问。

创业邦作为一家比较知名的创业孵化平台，就曾帮助过很多创业者成功完成项目路演，有效地展示了项目的价值与成长空间，进而高效地完成了资本与资源的对接。

创业邦线下第四季活动——如何做好一名路演者，在青红中国生活club举行。

白马关"乐途柜族"集装箱创意街项目，在"德阳创客·赢在罗江"活动中被推选为最具人气的创业项目。该项目之所以能够获得这等荣誉，与该项目路演者黄瑞的出色表现有着密切的关系。

在路演过程中，黄瑞始终以实现自己的路演目的为准则，不论是传达自己的思想，还是表述自己的创业，都精准有度。与此同时，他在路演时，还非常热情、真诚。他的热情、真诚感染了在场不少的听众，赢得了听众对他的认可。

无独有偶，红喜鹊孕妇膳食专属农场项目的路演者，也在该次路演活动中获得了如潮好评，顺利完成了首轮融资计划。追寻该项目融资成功的原因，与该项目的路演者吴鑫有着极大的关系。在谈及此次融资路演成功的经验时，吴鑫说，路演时，我始终把握着这样几个原则：

◎找准自己的定位，锁定目标用户。

◎坚持自己的选择，坚持自己所认定的项目，坚持自己的梦想。

◎选择一个比较小的切入口，然后更好地深入展开。

路演商战

在"德阳创客·赢在罗江"的路演现场，路演项目众多，很多创客与现场的参与者展开了激烈的讨论。在讨论过程中，有不少创客也看到了自己路演的短板，那就是只关心自己的情怀，对自身的情怀负责，却不能做到对资本负责。这样的话，投资人就很难对路演者的项目买账。

路演者究竟该如何更好地履行自己的职责，并没有一个固定的答案。但是，从众多创业成功人士的经验中，我们不难总结出他们的一些共通之处。

◎做自己真正喜欢和想要做的。

◎有梦想还不够，必须有行动才可以。

◎当你想要做一些什么的时候，就赶紧去做吧！如果不去干的话，你怎么知道自己一定干不好呢？

◎对于一个创业项目而言，项目的内在价值才是最重要的，正如对于一个汽车而言，发动机比汽油更重要。

◎成功的过程就是不断准备、准备，修正、修正。

从以上结论中，我们不难看出，创业者进行融资路演之时，必要的一个前提条件，就是自己一定要对自己所从事的项目足够热爱，一定要有一股冲劲与闯劲儿，一定要保证自己的项目有价值。然后，需要创业者做的就是不断完善和修正项目，力争让项目在符合自身发展愿景的同时，也能满足投资人的投资利益。

毫无疑问，路演过程中，创业者与投资人的合作基础就是共赢。只有项目能够给双方都带来好处，才有合作的前提，创业者才有实现职责的可能。

第三章
第一步：充分准备，为路演储备能量

胸有大局，熟悉流程

对于任何一位路演者而言，路演都是一件很重要的事情。在路演过程中，我们一旦获得投资人的青睐，就能帮助公司腾飞；反之，我们如果搞砸路演，也许会使得自己的创业想法永远都无法实现。

我曾经与很多投资机构合作过，总结出他们的一个投资法则：他们每投出一百笔投资，大概只有10笔能够获得成功。

如果我们把该法则应用于融资路演之中，也就意味着如果投资人观看过一千场路演，他只会对其中一百家公司抛出橄榄枝。

从这组数字中，我们不难看出，路演者融资成功的几率非常低。但是，这并不意味着路演者就一点希望都没有。相反，如果你能好好研究一下路演的相关流程，熟悉路演的每一个细节，就能获得投资人的重视，还可能因此获得投资。

那么，路演者应该如何做一场引人注目、让人印象深刻的路演呢？

一、对时间的把控

路演者对时间的把控非常重要，有时候路演的时间越少，效果反而会越好。对此，我们需要注意这样一些要点。

◎假如你觉得自己的PPT需要花费几分钟，那么你最好将其压缩在一分钟内。

◎如果投资人告诉你，"你只有几分钟的路演时间"，那么，你至少也要将路演时间压缩在五分钟内。

◎如果你向投资人承诺了"这是最后一件事"，那么请保证你所说的的确是最后一件事。

◎掌握好路演的节奏，不要草草收尾。

◎假如在路演的时候你使用了PPT，那么请保证，你在每一张PPT上停留的时间在三分钟内。

路演的最佳时间是十分钟左右，在这个时间段里，如果投资人对你的项目感兴趣，他们就会对你提出问题。如果对你的项目不感兴趣，你的路演时间越短，他们解脱得就越早。他们对你的印象也会不错，这非常有利于你的下一次路演。

二、在路演的舞台上讲故事

人都有爱听故事的天性，如果路演者能够以讲故事的方式吸引听众的注意，就能让自己的路演变得极为难忘。

投资人对PPT、估值、数字之类的其实并不怎么感兴趣，如果他们真的想了解这些信息，很容易就能搞到。所以，不要在投资人面前过多介绍此类信息。相反，你可以告诉他们你的创业故事，相比于数据，他们对故事可能会更感兴趣。

讲故事的过程中，你需要注意，你的目的是吸引投资人的注意，让他们为你的项目投钱。所以，讲好你的故事很重要。

三、始终保持专注

任何一个投资人的时间都非常宝贵，所以千万不要浪费投资人的时间。时刻保持专注，让你的投资人感觉到你很尊重他们的时间，他们也很可能就会用他们的投资来回报你。

四、准确地描述你的产品与服务

投资人想要的是一个实实在在的产品，所以不要给你的投资人画饼充饥，而是要展示给他们真实的产品。当然，这里还需要注意这样一点，不要过分去阐述你产品的特性，投资人最关心的，其实是你的产品到底怎样帮助他们赢

第三章
第一步：充分准备，为路演储备能量

利。了解了这一点，你想要从投资人那里获取资金就很容易了。

五、解释你的产品或者服务与同类产品的不同之处

人都追求一种新奇感，如果你无法制造出一些与众不同的产品或服务，那么在路演过程中也就很难脱颖而出。

六、解释清楚你的目标用户

投资人最关心的就是自己如何赢利，所以向投资人解释清楚自己的目标用户很重要。路演者可以尝试利用用户的行为特征与心理特征来定位自己的用户，展示给投资人一些客户数据，从而让自己的路演更有说服力。

七、向投资者解释清楚你将会怎样获取新客户

你的项目是否能够获得成功，主要要看营销的效果。所以你一定要有一个成型的营销方式、系统的营销理念以及有效的营销方法，让投资人能够对你产生信心。相反，如果你的产品很不错，但是却没有办法推销出去，那么也不会赢得投资者的青睐。对投资人来说，一个无懈可击的营销策略，是帮助你的产品快速上市的必要条件。在当今时代，越来越多的投资人开始重视线上营销。所以，路演者应该更重视线上的营销策划与推广。

八、阐述清楚你的收入模式

要知道，没有一个投资人希望自己的投资打了水漂，他们投出去的每一分钱，都希望得到回报。因此，在路演过程中，投资人最常询问的问题就是，你的盈利模式如何。他们这样问的主要目的，其实就是想要知道你的商业模式是如何营收的。所以，向投资人阐述清楚你都有哪些收入模式，以及将如何实践这些模式，就显得非常有必要。

九、一定要非常热情

如果你曾经关注过一些创业发明类的电视节目，你就会发现，创业热情对创业者而言简直太重要了。

所以，在指导一些创业者进行创业的时候，我最关心的事情，就是帮助创

业者挖掘他们内心真实的想法。而作为风险投资者，我最看重的，也是那些对自己的产品充满无限激情的创业者。在我看来，一个创业者只有对自己的项目充满着激情，才可能在遇到任何困难的时候，都矢志不渝地坚持下去。

一个创业者如果充满热情，那么在投资人面前能够提升印象分。

十、注重自己的着装

诚如我们在前面强调的一样，路演者虽然不需要用全身的名牌服饰来彰显自己的身份，但至少着装要让人感觉舒服。我们不得不承认，在很多场合其实都存在着"以貌取人"的情况。所以，为了获得几百万美元的融资而花上几千块买件好衣服，这其实并不算过分。

路演者在路演之时，能够做到胸有成竹，大方自信，才能从容应对每一场路演，作出最出色的发挥。

私下进行"路演"演练

任何一个优秀的路演者都不是天生的，而是经过后天多次经历，才渐渐练就出来优秀"路演"能力。

所谓"台上一分钟，台下十年功"，路演者想要在路演时做到胸有成竹，游刃有余，就要在平时多加练习。

作为创业导师，我曾经组织过多场创业融资路演活动，也见识过不少创业者的实战路演。

在第二届"创业·大武汉"活动中，我们曾筛选了一批具有很大发展潜力与成长空间，团队颇具实力，盈利模式清晰的创业队伍，并组织这些创业队伍进行了一次路演演习。

此次路演演习所涵盖的项目包括VR技术、跨境电商、互联网科技、新能

第三章
第一步：充分准备，为路演储备能量

源、生物科技、生态农业以及制造科技等等。

在演练过程中，不管是主办方还是路演方，都严格按照路演的流程进行，为了让路演演练现场更逼真，主办方还将每位选手的发言时间限定为三分钟。

在这三分钟之内，路演者要将自己对整个项目的趋势分析、核心价值、发展前景等等要点讲解清楚。这其实是非常考验人的语言表达能力以及逻辑思维条理性的。

参加演练的人员，虽然看起来很轻松，但实际上都有一些紧张。在演练现场，路演者的表现也是可圈可点。

比如从事工业制造、生物医疗以及互联网科技等领域的几个团队发言人。在进行项目展示的时候，他们的语言表达以及PPT制作能力就很见功底。

在后来的交流与沟通中，我得知，这几个人都曾参加过不少这样的活动，有的人还在"青桐计划"中拿过名次，有的人甚至已经获得了首轮天使融资。路演经验丰富，面对这样的演练场合自然胸有成竹，镇定自若。

而一个从事生态农业养殖的创业团队，其路演者在进行演讲的过程中就有一些紧张。从他的装扮便可以看出，这位小伙子是位技术宅。在他自我介绍的过程中，这一点得到了证实，他是公司里负责技术的工程师。该公司的项目主要是通过改良养殖方式，从而提高养殖产量，为养殖户降低养殖风险。如果从专业投资的角度来说，这个项目其实具有极大的投资价值，成长的空间也很大。但是因为该发言人平时只关注技术、实验，很少接触这种公众场合，所以，他在发言时就有一些紧张，在项目演示时，甚至还出现了多次卡壳的现象。

这只是路演演练，如果这是正式的项目路演的话，这个技术宅男的表现可能不会被投资人认可。这个很有投资潜力的项目就会因为他糟糕的路演表现而不被投资人看好，导致优质的项目被雪藏了。

你也许会问，既然项目路演如此重要，我们究竟该如何进行路演演练，才

路演商战

能保证自己站在路演讲台的时候，不至于手足无措，不知所以呢？

对此，一名参加过多次项目路演的路演专家为创业者的路演作出了如下指导：

◎PPT展示要掌握一定的技巧：字少、图精，要给人留下简洁、醒目的印象。在介绍项目的时候，用PPT来辅助自己的表述，更加能够体现出创业者对项目的熟悉程度。

◎展示项目过程中，路演者需要对自身的优势以及发展前景有明确清晰的概括。如果对项目的技术性问题不是很清楚，可以简单带过。毕竟大多数投资人并不是专业出身，如果你所阐述的专业性问题过多，一方面投资人难以理解，另一方面也会占用路演者较多的时间去解释。

◎如果自己的项目曾经获得过融资，在路演的时候一定要有所提及。这一方面说明自己的项目具备可操作性；另一方面也能够增强投资机构对你的信任度。

掌握了这些路演中需要注意的要点，平时多加练习，做到熟悉路演的每一个流程。这样就能对自己路演的长处与不足进行总结，从而做到发挥优势，弥补不足。通过不断的改进来增强自己的实战路演能力，从而在真正站到路演舞台的时候做到从容自如、处变不惊，超水平发挥。

第三章
第一步：充分准备，为路演储备能量

道具准备：强化路演效果

在路演过程中，路演者还需要用到不少工具，如果路演者使用得当，就能很好地增强路演的效果，为自己的路演加分。比如，合适的场地选择、绝佳的舞台工具、优质的音响设备以及设计出众的企业宣传画册等等。这些小道具虽然看起来毫不起眼，但却对路演的效果起着非常重要的作用。所以，对这些小道具的准备工作也不可忽视。

选择路演听众方便到达的场地

路演场地的选择对路演效果的影响是不言而喻的。你所选择的场地如果鲜为人知，很可能当路演正式开始之后，听众还没有到齐，或者是你在路演的过程中，会有听众陆续的进场。很显然，这样路演效果就会大打折扣。再比如，你所选择的路演场地比较繁华，但是供听众休息的地方却很少，这样的场地也不合格。

如何选择路演的场地，是需要路演者慎重考虑的问题。很多人都觉得，只要人多，那这个地方就算不错。其实，这种认知并不完全正确。应该说那些目标群体比较集中的地方，才是路演者的最佳选择。对销售路演而言，路演场地在某种程度上是区域销售渠道的一种延伸。通过销售渠道与短时间的活动，为局部区域渠道的业绩提升服务，才是销售路演的最终目的。

场地的选择需要考虑以下几个因素：

一、位置

产品、目标、用户群体、渠道覆盖不同，所选择的场地也不同，比如，以儿童用户为主的产品，选择社区、商场、超市、广场、公园等场地就比较合适。假如需要考虑路演费用以及渠道延展等方面，则与大型的社区、商圈或广场位置中的商场合作，更有利于活动的展开。

二、人气

确定场地以后，活动主导人要到现场进行场地核实。核实最重要的一项标准就是人气。考察人气的方法可以是摸排，也就是在早、中、晚三个时间段，计算特定的人流量与目标人群的分布情况，以此来判断所选场地的人气以及目标用户的集中程度。

三、布局

利用位置、人气等因素筛选出比较优质的场地之后，路演方还需要联合活动方进行实地的测量，同时为活动绘制现场方案图。

依据场地位置、场地大小以及目标用户的流向与场地人气等情况，对主舞台进行布置，并进行产品展示，以期最大化地吸引目标人群持续关注。

以上三点，我们主要解决的是"地利"问题。接下来，为了达到最佳的路演效果，我们还需要"天时"与"人和"，也就是将自己的产品与品牌围绕目标人群展开宣传。

目标人群出现的时候，也就是展开路演的最佳时机。例如，很多招商会的

第三章
第一步：充分准备，为路演储备能量

召开时间一般会从工作日持续到周末，这就是因为活动方考虑到了企业经办人员以及目标用户的工作作息时间。再比如，针对儿童类的产品，如果将活动选在节假日或者是儿童节等多数人正在短时间休息的时候效果则比较好；相反，如果是选择长假，比如寒暑假时，效果可能反而不好。因为，目标群体很可能会出游、参加培训或者因为天气原因不能正常出席，这样活动方就不能获得理想的人流量。这时候，将路演活动放到傍晚，在社区展开一些小型推广，效果或许会更好。当然，我们还需要注意一点，在目标人群正式出现之前，我们必须将整个场地都布置好，以便顺利地吸引目标人群。

路演活动占用场地的大小不同，如果我们所占用的场地比较大，路演时需要的道具比较多，我们就要对场地进行一定的规划与安排。路演主办方需要注意以下一些问题：

◎落实场地之后，根据场地大小完成布局规划，并根据路演项目的轻重划分每一个区域，并且标好项目名称以及项目负责人，然后安排项目路演的先后次序。

◎务必保证在路演活动的前一晚将各区域的路演舞台布置完毕。注意人流的动向，确保目标用户在活动区域中经过的每一个功能区（试饮区、游戏区、舞台演出区等等）都有足够的空间。

◎最大化地展示主题。为此，可以设置同一主题的拱门、气模、太阳伞、条幅、实物造型等等。此外，还可以利用吊旗、海报、气球、展架等等对主题进行修饰。

路演场地的选择不仅关乎路演效果，也是活动主办方组织能力的一种体现。所以，不管是对路演者而言，还是对活动主办方来说，慎重选择场地，都是路演活动中必须要做到的。

准备好路演过程中的舞台道具

在销售路演过程中，舞台道具是必不可少的辅助工具。那么，对路演者而言，该准备哪些道具，才能让路演活动现场更加火爆，达到圆满的销售效果呢？

通常情况下，路演活动开始之前需要准备的道具有如下几类：

一、舞台

常见的路演舞台多由木板拼合而成，木板的规格也有讲究，一般为1.22m×2.44m，板底需用木条进行加固与支撑。按照路演舞台要求的不同，可以用6块或者8块组合成型，以铁架来支撑，铁架的高度一般以0.5M为宜。不然的话，观众很容易挤到台上，而且也会影响到后面观众观看演讲。

二、背景架

又叫太空架，这需要根据舞台的宽度进行设计，高度一般在4m左右，形状多为"日"字形。

三、背景画

背景画是舞台的基本装饰，在多数路演活动中，路演背景画都不可或缺。

四、音响

户外路演过程中，大功率的户外音箱设备、功放机、影碟机、碟片以及无线麦克风，都是户外路演的必备装备。这一方面能够让路演者的讲话更清楚地传进每个人的耳朵，另一方面，当路演者需要借助影像展示的时候，也能更加方便。

五、红地毯

在户外路演活动中，红地毯几乎是路演活动的标配，红色是喜庆的颜色，红毯一方面能够增强活动的喜庆氛围，另一方面也能使路演活动显得更正式。

第三章
第一步：充分准备，为路演储备能量

六、照明灯

照明灯是夜间路演活动的必备工具，照明灯主要是满足夜间路演活动的需求。

七、数码设备

随着科技的不断发展，数码设备也成为路演活动中的标配。利用数码设备，不仅能够播放实时视频，还能实时互动，让路演活动变得更加轻松。

八、其他工具

诸如电源线、扳手、钳子（主要用来拆装舞台设备）、铁线、铁钉等等，都是舞台道具中必不可少的要素。

一位参加过多次销售路演的路演者，曾这样说起自己的路演经历：

销售路演现场的活动氛围，需要道具的烘托，能够让人瞬间振奋精神的音箱设备、大红的充气拱门、舒适的麦克风等等，都有助于路演者的超水平发挥。

我多次的销售路演成功，其实都与我善于利用音响设备有很大的关系。

这位路演者的路演经历就非常值得我们借鉴。如果我们能够在路演之前，多费一些心思做好准备，就能为自己的路演成功多增加一份可能性。

当然，除了这些基本的舞台道具，路演者还需要精心准备更多物料。根据路演规模的不同，所涉及的物料也会有所不同，但产品以及文宣品却是不可或缺的。

最有经验的路演者往往会以一个系列的产品来筹办一个主题活动。根据现场的布置规模来确定货源的储备。例如，一个帐篷要摆放常温的旺旺牛奶，需要160提才能堆满，但是如果有垫板支撑的话，需要80提就可以了，而想要通过摆放出一定的形状来烘托现场气氛，就需要根据现场的实际情况，对货源储备进行重新规划。

做好企业产品的展示、陈列和摆放

在商业路演过程中，企业产品的展示、陈列与摆放也很有讲究。比如，有些企业在路演的时候对产品的摆放不注意，随意地堆放，就会给别人造成一种很随意、对产品不重视的感觉。如果让别人产生你对自己的产品不重视的感觉，就会让人觉得你的产品很廉价、不值钱。这样一来，想要顺利售出产品就是很困难的事情。

我曾参与过多次路演，见证过不少路演企业的成功，也看到过不少路演企业的失败。可以这样说，对于销售路演而言，是否能够做好企业产品的展示、陈列与摆放，直接影响着企业销售路演的成败。

对于商业路演现场产品的展示、陈列与摆放，有很大的学问。一位在旺旺集团供职的人事部人员这样说：

销售路演现场布置不需要太奢华，只要相得益彰就好。可以多采用一些帐篷、遮掩伞等等易于拆卸的物料对演讲区域进行规划。对于一些必需的物料，也不能因为图省事就随意省掉，这样会严重影响企业的品牌形象。比如，充气拱门，是用两个还是用四个，是实地装饰，还是空飘。如果有一些城市对空飘有一定的限制，则不考虑空飘。

当然，若是条件允许，企业不妨做一些异形的拱门，以便更好地宣传企业的品牌，树立企业形象。有条件的，还可以在演讲场地之外，摆设一两台流动的产品售卖车，以增强现场的路演气氛。

在路演背景设计方面，也不宜太单调，最好能给人造成强烈的视觉冲击。若是能够在背景中巧妙地融入产品形象，则背景显得更有深意。在主背景、签到处、游戏区、海报、展架以及宣传单等物料上，也不妨融入产品的相关信

第三章
第一步：充分准备，为路演储备能量

息，增强产品的多种表现形式，让现场的画面感更加饱满。

我曾参加过多次路演活动，对销售路演产品的摆放对路演效果的影响可谓是印象深刻。

比如，一家燃气灶企业就曾上演过这样一场"直击精彩现场"的路演风暴。

路演团队制定了周全的路演计划，按照所选场地、人流量、时间段的不同，制定了时间段营销的策略，深入到小区、广场、闹市、商场以及步行街等地进行集中式路演。

该企业的路演人员，不仅在路演现场发放宣传资料，还搭建了路演帐篷，在路演帐篷里整齐地摆放好集成灶机器，一边演说，一边进行现场演示，吸引了大量围观者。大家都很仔细地注视着这台机器，显得很好奇，其中一位女士还提出了一个大家都非常关心的问题："机器的吸油烟率怎么样？"

现场演说人员热情地解说该集成灶的超高油烟吸净率，并现场演示了该集成灶运行时油烟的吸净情况。机器未曾运行时，工作人员打开雾化设备，现场空气顿时变得朦朦胧胧，视线感很差，但是当该集成灶开始运行以后，烟雾瞬间就被吸收干净了。

围观群众对此叹为观止。该集成灶吸净率99.7%，得到了在场所有围观者的见证。不仅如此，该公司的路演人员还让围观用户亲自去操作机器，加深感受体会。因为产品符合用户需求，很多人在听了路演者的演说之后，开始向工作人员询问该集成灶的销售地址，路演效果非常好。

产品是企业形象最好的招牌。在销售路演活动中，路演者只有懂得用产品说话，才能成功吸引顾客，达到最佳的销售路演目的。

案例4：云南"吉盛祥"品牌路演

吉盛祥是云南一家知名的茶叶公司，因为资金周转问题，曾经一度陷入经营困境。然而，在经历了一系列经典路演项目之后，这家公司却在短短几年内完成了华丽逆袭，从一家资金周转困难的企业，摇身一变成为上海股交中心挂牌的企业。

如今的吉盛祥已经是比较知名的茶叶企业，而它的品牌成名之路，与路演有着脱不开的关系。

吉盛祥品牌的成功很大程度上得益于黑钻石影像机构。在黑钻石的策划下，吉盛祥曾先后推出吉盛祥宣传片、吉盛祥产品片以及吉盛祥项目回顾片等精彩路演视频。

在一次商业学习会上，吉盛祥与黑钻石初次结缘。之后，黑钻石曾多次奔赴云南对吉盛祥茶叶进行考察。就是这些考察，让黑钻石渐渐梳理出吉盛祥本身存在的问题：虽然拥有千亩茶山，旗下也有百余个茶叶品牌，但是经营方式比较单一，缺乏有效的营销推广手段，进而导致企业出现了资金周转困难。资金链的紧张又使得茶山的建设处于一种停滞状态。

针对这些问题，黑钻石为吉盛祥制定了系列解决方案，内容包括茶叶旅游、高端路演以及政府对接等方案，并为其精心制作了两部路演宣传片。

吉盛祥的生产基地位于美丽的西双版纳，千亩茶园景色怡人。在吉盛祥的茶园中，还拥有古老的千年菩提树，也有在茶园诵经悟禅的，古老气韵，悠远绵长。黑钻石影像机构很敏锐地捕捉到吉盛祥将自然景观与人文气息融为一体的特质，帮其发掘出了浓郁的"茶"文化。

黑钻石专业摄影团队，还先后在云南、西双版纳以及红河州等地取景，录制完成了唯美如画的宣传视频。吉盛祥宣传片出炉以后，引起了巨大的反响，很多企业家都前往云南进行参观考察，由此促成了吉盛祥上千万的合作项目。不仅如此，当地政府还将吉盛祥宣传片作为当地的旅游宣传片，进行了重点推广。这一系列的促销手段，让吉盛祥在当季就盈利300万元。

吉盛祥也被作为路演的经典案例，在很多路演场合、品牌课程或者是商业逻辑课程中频频谈及。APEC中国首脑峰会在北京举办时，吉盛祥入选为峰会国礼品牌，并成为国宴的指定用茶。

后来，吉盛祥与黑钻石再次联手，拉开了吉盛祥的上市路演之路。在吉盛祥上市路演系统中，黑钻石影像机构为其拍摄的短片视频，发挥着不可忽视的作用。

毫无疑问，在吉盛祥的路演系统中，路演视频发挥了非常重要的作用。借助路演视频，吉盛祥很好地传递了自己的企业文化，也让更多的人了解了吉盛祥。这一切都为吉盛祥创造品牌、赢得知名度，成功创造了条件。

媒介准备：提升路演的知名度

一个产品再好，不去宣传，也无法提升自己的知名度。在这个发展越来越快的时代，产品更新换代日益加速，新的企业层出不穷，如果你还单纯地认为，只要自己的产品好就不愁卖，那就大错特错了。产品好只是企业做大做强的必要前提，想要让企业真正地成为知名的大企业，就必须要懂得路演的技巧，懂得巧妙地去推介自己的产品、服务与品牌。

"酒香不怕巷子深"时代一去不返

最早的商业时代，人们做生意，只要产品好，就能慢慢积累起口碑，进而赢得越来越多的客户，形成一种"酒香不怕巷子深"的良性循环。然而，现在各种各样的产品层出不穷，面对让人眼花缭乱的产品，用户已经越来越谨慎，不会轻易来掏自己的腰包。对于企业发展而言，同样也是如此，很多初创业的小企业往往具备很好的创意，但是他们怀揣着创意，却不懂得如何去宣传推广自己的创意，这就造成了自己的创意不被人知，最终惨遭雪藏。

第三章
第一步：充分准备，为路演储备能量

怎样才能让自己的产品给用户留下良好的印象，怎么才能让投资机构对自己的创意买单？这就需要企业自己去进行营销宣传。你的产品再好，没有好的宣传推广渠道，也是知之者甚少；你的创意再出众，憋在自己的肚子里，最终也会化成一团废气。

不管是优秀的产品，还是出色的创意，主动去推销，才能够赢得更多的机会。

推销最佳的方式，显然非路演莫属。对任何一个优秀的项目而言，酒香也怕巷子深，即便你的项目再好，也需要主动去吆喝。

那么，我们究竟该怎么吆喝，才能让自己的项目被更多的人知道并重视呢？

一位资深的金融机构从业人员指出了这样几个要点：

一、学会讲故事

以一个动人的故事开始你的路演，这会很快吸引听众的倾听兴趣。当然，如果你能够将你的故事与在场的听众联系起来，所取得的效果就会更好。在讲故事的时候，我们需要谨记一点，你所讲述的故事，应该是关于你的产品如何解决用户生活中所遇到的最关心、最棘手的问题。

二、拿出解决方案

你的产品有哪些独特之处，为什么你的产品能够解决你所提到的问题。在介绍这一部分的时候，最好可以让投资人明确知道，你到底是在做什么。对此，我们可以这样做填空题：

_____在_____情形下使用了你的_____可以解决他_____的困难。

简洁明了地表明产品的用途，这样非常有利于唤起投资人的兴趣，有利于双方继续深入交流。

三、你所取得的成绩

投资人在决定是否投资一个项目的时候,首先看的是团队,其次才是项目的创意。所以,在演讲之初,你就应该让投资人对你产生耳目一新的感觉。谈一谈你的团队目前为止所取得的成绩,比如销售的火爆程度、订单量的增长情况以及超高的产品质量等,这都是为你的路演加分的选项。

四、你的目标市场

不要将自己的目标市场范围锁定得太大,不可能全世界每一个人都成为你的顾客。你要精准锁定自己的市场,这样你所创造的产品才更加真实,更加符合某类人的需求。让听众感觉可信,也能帮助你更加了解市场。

五、怎样获得用户

在很多商业路演中,关于这部分经常会被路演者遗忘。其实这是投资者非常关心的问题。你要怎么样才能获得自己的目标用户?得到一个目标用户需要付出多大成本?怎样推广才算是成功的?这些都是需要路演者谨慎思考与回答的问题。

六、讲清盈利模式

就像我们在前面一遍遍重复的那样,投资人去投一个项目,是想从一个项目中盈利。如果你无法讲清楚你的盈利模式,投资人就会认为你的项目不可行,这对你的路演是非常不利的。为此,我们可以详细地介绍自己的产品与定价,然后用有力的事实来证明,相关市场正亟待你的产品注入。这样就能唤起投资人的关注,为你的融资成功创造条件。

七、讲明白你的融资需求

融资路演的最终目的就是获得融资,所以对此不必遮遮掩掩,大大方方地说明你的融资需求,未来的发展计划是怎样的,将会出让多少股权。

八、投资人的退出机制

讲清楚投资人的退出机制。如果你的融资金额比较大,那么绝大多数投资

第三章
第一步：充分准备，为路演储备能量

人可能会关心退出机制是怎么样的。是被收购，还是上市，或者是否有其他的退出方式？

在"酒香也怕巷子深"时代，你只有竭尽全力地去吆喝，才可能让自己的产品或者项目被越来越多的人知晓，从而获得投资人的关注，为项目的成功增加更多可能。

根据产品受众邀请各路媒体

在互联网营销领域非常重视行业营销，也就是说，如果你的产品能够在专业的互联网媒体上做宣传推广，效果就会非常不错。其实，这个规则同样也适用于销售路演。当企业想要展开产品发布的时候，根据企业产品目标受众的不同，选择不同的媒体宣传渠道，就能取得出其不意的宣传推广效果。

昌河爱迪尔a+上市路演的例子，就给我们提供了很好的借鉴。

爱迪尔a+河南大区新车上市，选择在河南郑州举办上市路演，路演地点选择了人流量比较大的昌河汽车4S店、汽车贸易广场、城市广场、集贸中心门口、大型超市、核心社区等。路演以提升爱迪尔a+的品牌知名度，促进昌河汽车产品的销售为目的，时间则选择在了周六日。

在爱迪尔a+上市路演预热阶段，昌河爱迪尔a+就在各4S店进行了重点宣传，借助易拉宝、海报、大挂图等路演工具对活动进行平面宣传。与此同时，还在《大河报》《郑州晚报》等省会主流平面媒体刊发了关于新车上市的软文活动预告。不仅如此，公司还提前邀请了大河报、河南交通广播、郑州交通广播、天平洋汽车网郑州站等单位的新闻媒体记者，拟定了邀请函并当面送达活动的邀请函。活动当天，参与的各界媒体人还对新车进行了试驾，活动主办方

路演商战

赠送了试驾礼品给各媒体记者。

在上市路演环节，主办方还推出了看车有礼、购车有奖、参与有奖活动。

看车有礼，即凡是亲临4S店看车试驾的消费者均有精美礼品赠送；购车有奖，即凡是参加上市活动，预定购车的用户，可以预交车款参与抽奖活动，三名当天预定车辆的幸运用户将会获得千元超值大礼包；参与有奖活动，即凡参与活动的现场观众与潜在的消费者均赠送精美礼品，并可以参加抽奖。

现场还对各区域进行了极为细致的划分，主席台、洽谈区、签到区、嘉宾区与产品展示区分门别类，现场气氛井然有序（见图3-11）。

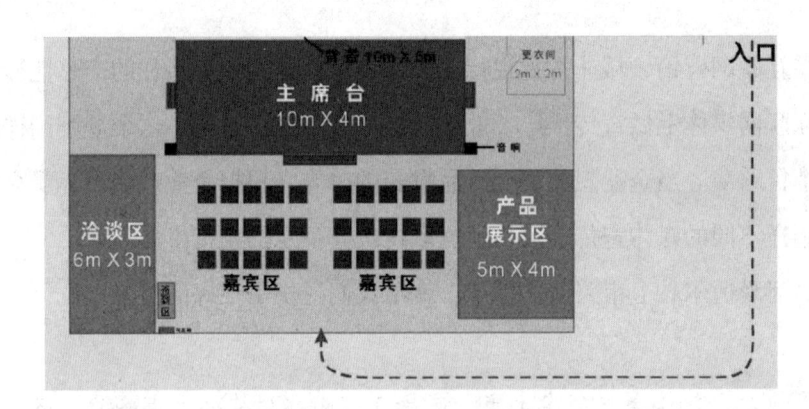

图3-11 现场布局示意图

在互动环节，现场观众踊跃参与，丰厚的奖品赢得了不少参与者的欢心。

活动结束后，在相关媒体的推广报道下，爱迪尔a+上市路演的消息得到很快的传递，昌河爱迪尔a+新车也被更多的消费者所了解与熟知，与此同时，爱迪尔a+"开启美好新生活"的口号也深入人心。

昌河爱迪尔a+上市路演活动在短时间内就能取得不错的路演效果，这与它所选择的媒体有着很大的关系。

首先，选择在平面媒体《大河报》《郑州晚报》等省会的主流平面媒体上刊发关于爱迪尔a+的上市路演活动预告。这就在区域范围内，为路演活动的举办进行了预热，为活动的成功举办打下了基础。

其次，邀请河南交通广播、郑州交通广播、太平洋汽车网郑州站等专业领域的记者参与试驾。如果由这些媒体记者参与试驾之后，在各自的媒体上发布试驾体验，那所取得的效果将会比普通人的试驾效果好上千百倍。

由此我们不难看出，在商业路演活动中，媒体选择很重要。比如，你所研发的是互联网科技新品，就需要找一些在互联网方面比较权威的媒体，来对你的路演活动进行相关的报道；如果你所研发的方向偏重于农业科技，就需要找一些在农科方面比较有发言权的媒体来进行宣传推广。

媒体的专业性很重要。专业媒体对某个产品或者某个项目所作出的评价，往往能够直接影响目标用户对产品或者项目的第一印象。

所以，根据目标受众的不同，选择专业的媒体，对企业项目路演的成功而言，非常重要。不管是融资路演、销售路演还是上市路演，选择好专业的媒体都很有必要。

做足功课，防媒体发难

做路演通常需要面对媒体。有些人在平时的演讲中表现还比较自如，一旦面对媒体，就会显得有些拘束，甚至是手足无措。原因在于一些记者会提出比较难回答的问题，让人不知道该怎样去回答，担心回答不好在媒体报道后会产生不利影响。不过，想要做好路演，媒体这一关是必须要过的。媒体面前的你，是展现给大众的样子。在面对媒体之前先做足功课，你就会显得胸有成竹、潇洒自然，即便是媒体发难，你也可以应对自如。

为了能够更好地应对媒体，在被提问之前，你应该先站在记者的角度想一想，想想记者这次采访的主要目的是什么？记者为了能够让自己的采访更专业，会问一些什么类型的问题？你在回答记者的提问时，应该突出怎样的核心观点？你自己被采访的目的又是什么？把这些问题想清楚了，你心中也就对各种各样的提问大概有一个认识了，在被提问时就会从容不迫。如果你做得更好，甚至可以操控整个采访过程，轻松地把握采访的节奏，面对刁钻的问题也能谈笑风生，彰显你的个人魅力。

实际上，有些记者的提问看似刁钻，但不外乎几种类型，知道了这几种类型，你就很容易把握住应对的方法。

故意唱反调型

有的记者为了在写新闻稿子时能够有吸引读者眼球的内容，会故意和你唱反调，以此获得一些不同寻常的回答。为此，他们并不在意自己听到的是好的回答还是不好的回答，只要这个回答有足够的吸引力，就可以了。为了让你能够"语出惊人"，他们会想尽办法去否定你，希望你的情绪能够变得激动起来，被他们引导着说出他们想要听到的话。比如，你的公司情况并不是特别好，但远没有到糟糕的程度，而记者却一再向你确认，询问你公司的情况那么糟糕，你现在有什么打算，准备如何帮助公司渡过难关。如果你不注意，很可能就上了当，让观众以为你的公司正遭受巨大的困境。

在面对故意唱反调的记者时，首先应该保持心态平和，这样就不会因为情绪过激而失去理智。不管他们如何否定，我们都可以不去接受他们所提出的假设和前提，保持自己语言的逻辑性，按照自己的想法来说话，而不是受他们的引导。我们应该去否定他们的假设，明确告诉他们，那种情况并不存在，是他们的误解。

语速超快型

有的记者说话速度很快，像机关枪一样问出一连串的问题，有时候会把人直接问懵。这样的记者除了平时说话速度就快以外，也可能是为了抓住自己提

第三章
第一步：充分准备，为路演储备能量

问的机会，多问出几个问题，好让自己的新闻报道更有料。还有一种可能，就是他们想通过快速的提问，让被采访者因为着急而想错、说错。这种情况确实会给被采访者带来很大的压力，不知道该如何去回答他们，甚至连他们提问的内容都没听清楚。

实际上，这样的记者并没有那么难对付。当他们提出一连串的问题时，我们并不需要都去回答。只要挑选他的问题当中最具代表性的问题、最为核心的问题去回答，就可以了。对方的提问很多与主题关联不大，选择回答的权力在我们手上，我们可以挑选自己想要回答的问题去回答，而不是有问必答。这样一来，主动权始终都在我们手上。

故意歪曲型

有的记者会故意歪曲被采访者话语的意思。当你回答了他的提问之后，他会用自己的话把你的回答重复一遍，并问你，你说的是不是这个意思。这时候你要小心，他可能会歪曲你的意思，故意诱导你承认一些有争议的内容。

面对这样的记者，我们应该正面回答他，告诉他不是他说的那样。他们只是诱导那些不注意听他们讲话的人，我们只要留心他们重复的话语，听出其中的错误，就很容易避免被他们蒙蔽。

故意打断型

当你陈述自己的观点时，掌握自己的节奏，你的发言就不容易出错。有些记者为了让你的思维变乱，继而在言语上出错，会故意打断你的话。如果你被他打断之后，开始听他讲，那么你的节奏就被他打乱了，开始进入他所制造的节奏。

在面对故意打断你节奏的提问时，可以礼貌地告诉对方，让他先不要急，等你把刚才的问题讲完再回答他的提问。这样一来，你就能够保持住自己的节奏，不被他打乱。

案例5：京东上市路演PPT解析

一、发行情况

京东（JD）于2014年5月22日登陆纳斯达克；

发行价区间16~18美元/ADS，1ADS=2普通股；

发行股数93，685，620ADSs，其中公司发行69，007，360 ADSs，占比73.7%；老股东出售24，678，260 ADSs；绿鞋14，052，840 ADSs；锁定期180天。

二、公司简介

京东是国内最大的直营类电商网站，在B2C电商市场中排名第二，未来将力争成为全球最大的电子商务公司。京东的核心优势表现在用户体验和运营效率上。

1.核心管理系统

管理基础：团队。

平台基础：IT系统、仓储管理系统、财务系统。

数据驱动：成本优化、效率提升。

用户体验和品牌树立：通过商品、价格、服务持续吸引用户。

2.增长策略

移动及大数据：与腾讯在流量方面展开合作，进行用户定制，充分利用大数据进行分析，使得供应链更透明。

拓展三四线城市：修建仓库，提升移动端的送达率；制定不同的商品策略、市场策略。

线上到线下：和山西便利店展开合作；将此合作模式复制到其他地区；在部分城市提供生鲜电商配送服务；提高物流的配送效率。

第三章
第一步：充分准备，为路演储备能量

供应链金融：涉及的产品有供应商和用户的金融产品、支付产品、交叉销售金融产品。

三、投资亮点

1.投资亮点

（1）中国电商市场空间广阔。

（2）最大的自营电商网站。

（3）全国物流体系。

（4）第三方平台增速迅猛。

（5）和腾讯展开战略合作，提高移动端参与度。

2.中国零售市场特点

市场广阔：2012年市场规模达到9.8万亿元，2016年达到15.3万亿元，复合年增长率为12%。

高度分散：中国前20名的零售商市场占有率为12%；美国为40%。

向线上转移：中国线上零售市场规模，2012年为1320万亿元，2016年为3790万亿元，复合年增长率为30%。

3.京东业务增长特点

（1）用户消费习惯从线下转移到线上。

（2）用户对网购商品的质量越来越重视。

（3）三四线城市用户增速迅猛。

（4）移动端购物趋势不断上涨。

（5）直营销售：侧重标品、走量、商品质量、投资高，需要仓库运营，重用户体验。

（6）第三方平台：侧重长尾、SKUs量大、模式更轻、需要广告和流量支撑。

……

4.京东全国物流系统完善

7个一级物流中心；在36个城市有仓库；70%订单实现当日送达或者次日达；在43个城市中提供211服务；256个城市实现次日达。

5.物流流程

……

和腾讯的战略合作，可获取腾讯旗下实物电商业务；获得微信以及QQ手机里的一级推广位置；在实物电商领域至少8年没有竞争对手。

四、财务亮点

2013年成交总额为1255亿元，同比增长71%；自营占比75%。

2014年第一季度成交总额为441亿元，同比增长84%，自营占比71%。

2013年净营收为693亿元，同比增长68%。

2014年第一季度净营收227亿元，同比增长65%。

自营商品成交总额2011-2013年复合增长率77.3%，目前占比74.7%；2014年第一季度同比增速69.6%。

平台成交总额2011-2013年复合增长率231.1%，目前占比25.3%；2014年第一季度同比增130.4%。

毛利率，2013年为9.9%，2014年第一季度提升到10%。

运营效率：NonGaap

物流占比5.8%；市场费用占比2.3%；技术占比1.3%；管理占比0.9%。

NonGaap净利润，2013年为2.24亿元，净利润率0.3%。

2013年每活跃用户平均购买6.8次。

2014年第一季度SKUs提升至40.2mm。

2014年第一季度移动下单占比18%。

2013年运营现金流35.7亿元，同比增长154%。

自由现金流22.78亿元，同比增长791%。

资本开支12.92亿元；投资回报率29.1%。

库存周转天数，2013年为32天；当当为112天、苏宁为72天、国美为60天、亚马逊为45天、沃尔玛为45天。

自营AP周转天数为39天；苏宁为142天、国美为136天、当当为122天、亚马逊为95天、沃尔玛为38天。

（注：篇幅所限，以上内容源自于京东路演媒体资料）

在京东上市的路演PPT中，刘强东对京东的股票发行情况、公司发展情况、公司团队情况、公司竞争优势以及公司财务状况等等路演过程中必须提及的方面，都做了简洁有力的介绍。这就非常有利于听众对京东产生更多的了解，为京东的顺利上市敲响前奏。

第四章
第二步：流程细化，让路演规范化

路演有路演的流程，虽然不至于每一场路演都照着流程按部就班，但至少，细化流程，能够让路演变得更加规范。规范的路演，也更有利于赢得听众的好感，为路演的成功增添重要的砝码。

创意开场，吸引听众

路演归根结底也是一场演讲。对于任何演讲而言，开场都非常重要，只有开场足够出彩，才能瞬间吸引听众，进而打响路演的第一炮，为路演开一个好头。

路演活动泛滥，听众心生厌烦

为什么我们要提创意开场？这是由当前的路演现状决定的。伴随着"双创"之风越演越烈，项目路演渐渐受到创客大军的追捧，成为他们获得资本，实现华丽转身的有力跳板。

受到当前形势的影响，越来越多的创业者开始推崇"跑会模式"，听闻哪里要举办项目路演会，就会毫不迟疑地去参与，生怕错过任何一个展示的机会。

用心的观众就会发现，在不同的区域、不同的场合所举办的各种主题的路演会上，经常会出现相同的面孔。不少人渐渐就忘了创业的初心，把精力浪费

第四章
第二步：流程细化，让路演规范化

在"路演跑会"上。这样的情况，在当前资本寒冬阶段，表现尤甚。

然而，创业者如此疯狂地涌现在各个路演活动中，对他们项目的融资成功就真的有用么？

俗话说"心急吃不了热豆腐""欲速则不达"，在创业路演这条路上，不是路演者参与的路演活动越多，机会就越多，相反，创业者总是在全国各地"跑会"，只会让听众感觉到麻木，产生厌烦心理。这对路演者而言，有百害而无一利。

说起这一点，一位专注于后市场开发的电商从业者可谓是深有同感：

作为一个连续创业者，他的B2B2C电商平台的融资之路可谓是非常顺遂的。不仅在前不久拿到了数千万的风投，还在一次政府主导的创新大赛中夺得了不错的奖项。可是，随之而至的就是苦恼。原来，临近年底的时候，政府机构、风投机构、创客空间以及他所入驻的产业园相继给他发送了项目路演会的邀请，这其中有让他帮忙站台捧场的，有让他做先进典型给树立榜样的。但是，让这位路演者苦恼的是，这些路演却不是他想要的。因此，路演之时，难免鸡同鸭讲，难以取得自己的预期效果。

所以，作为路演者，在进行路演活动时，一定要非常清楚地知道自己的路演目的。避免出现"好听"而"不买账"的结果，杜绝成为路演的炮灰。

其实，现实中有不少创业者，正在遭遇着不同程度的路演恐慌。这些创业者又分为鲜明的两派：一派是对各种路演不加辨别，只要有路演会，就会到处跑场，忙得不亦乐乎，但收效却甚微；另一派则是经历过多次路演或者已经拿到投资，对路演活动变得十分谨慎，对路演会的选择非常理性。根据专业机构的调查显示，在一些大城市中，几乎每周都会有各种类型的路演活动上演，但这些参加路演的项目中，成功得到融资的却不足1%。

路演商战

　　放眼目前的路演市场，路演基本可以分为这样几大类：比赛路演、投资路演、展示路演以及学术推广路演。绝大多数的创业者通常就是奔着资金去的，这种认知上的错误直接导致不少人的路演失败，造成路演"好听"而听众却"不买账"的结果。

　　项目路演对创业者的重要性是毋庸置疑的，但为什么绝大多数创业者就是无法实现融资呢？最根本的原因，就是你的项目无法直击听众的痛点，你也无法精确地解析你的项目，你所挖掘出的痛点、优势以及前景并没有成功打动投资人。

　　由此，我们可以得出这样的结论，在所有失败的路演活动中，路演者对痛点的直击以及高效解析是其硬伤。

　　那么，这个硬伤的化解分为三个阶段。

　　一、路演前：以"听众为主"，精心做准备

　　路演对任何一位创业者而言，都是非常重要的事情，想要从众多的路演者中脱颖而出，首先要做到知己知彼，对参加路演的嘉宾背景有所了解，然后针对不同的主体制定出可行的路演PPT。比如，要找投资人，就要将行业痛点、盈利模式、发展逻辑以及企业发展前景简述清晰。再比如，要找合伙人，你就要讲价值与梦想，并且要提前做好答辩，并且在内部进行多次演练。

　　二、路演中：找准痛点，精准解析

　　在这个环节，不论时间限制是多少，路演者都一定要充满激情、斗志昂扬地去做好这场演讲。演讲的语言要尽可能简单、高效，用比较质朴平白的话讲清楚项目的优势与前景，直击痛点，给在座的嘉宾描绘出一个美好的消费愿景或者是讲一个美好的故事。

　　有些时候，你只需要把可行的商业逻辑、无法复制的盈利模式以及无可比拟的发展空间等独特的因素进行仔细的梳理，并将这些讲清楚，就能真正吸引那些有眼光、感兴趣的路演嘉宾。在路演结束后，他们可能会跟你约见或者是

第四章
第二步：流程细化，让路演规范化

继续了解，这时候，你的机会也就来了。

三、路演后：及时调查跟进，弥补不足

有经验的路演者都知道，真正决定路演命运的，往往是路演的"下半场"。所以，创业者不仅要认真完成路演资料的搜集、整理与总结工作，更要在路演会后及时地思考嘉宾的提问以及给出的建议。这样一来，即使融资不成功，嘉宾给出的一些建设性意见，也能帮助自己发现短板，弥补不足。

当然，对于那些有合作倾向的风投机构，更是要趁热打铁，进一步制造约谈的机会。这一点很重要，很多项目之所以融资成功，都是在投资人与创业者有过几次接触之后，取得投资人信任之后，才达成的合作。

在创业这条路上，路演只是一个重要的插曲。对于任何路演者而言，都不要期望一次路演就能实现鱼跃龙门。任何一个路演者都要注意，在路演活动中，不跟风、有选择、重目标才是明智的创业行为。与此同时，注重产品的基因以及组建优秀的创业团队也是创业成功的重要因素。

以一种拓荒者的坚忍不拔之态，投身到项目路演当中去，就能结束路演纷繁复杂的乱局，获得自己想要的结果。

创意开场白引导听众进入路演状态

总结一些优秀演讲者的演讲稿，我们可以发现，他们总是能够第一时间吸引听众的注意力，进而引导听众跟着他们的思维进行思考，带领他们进入一种极佳的演讲互动状态。

比如，有路演者就曾这样开始演讲：

想象一下，现在是2056年，你已经65岁了。你刚刚收到一封来信，打开信

路演商战

封，里面是一张10万美元的支票。不，这可不是你赢得了什么彩票。

当你意识到，在过去的四十年中，自己少量的投资现在终于有了可观的收益，你不禁喜上眉梢。

这是一个理财企业在推销自己的理财产品时的路演开场白。很显然，这个开场白对听众就很有吸引力。至少在开始演讲后的几秒钟之内，人们已经对演讲者所讲述的事情产生了兴趣。接下来，该演讲者不论是介绍产品，还是介绍自己的企业都是水到渠成了。

在路演领域，作为一个演讲者，不管你台下准备了多少内容，演讲最开始的三分钟都是最重要的。这短短的开场白将会决定你今后所说的每一句话的分量。听众会根据你所留给他们的第一印象来决定是否继续倾听你的讲话。

所以我们才说，只有那些具有创意的、独具匠心的开场白，才能给听众留下极其深刻的印象，进而让路演者进一步控制住全场的氛围。瞬间吸引听众的注意力，让接下来的演讲可以顺利展开。

不少优秀的演说者认为，开场白在各种路演场合都具有不可估量的作用。开场白，顾名思义，就是开场所说的话。俗话说得好，"好的开始是成功的一半"。很多名人就是因为深知这一点，所以对此给出了很多忠告。俄国的大文学家高尔基就曾说过："最难的是开场白，就是第一句话，如同在音乐上一样，全曲的音调，都是它给予的。平常却又需要花不少时间去寻找。"

高尔基的话其实包含了两层含义：第一，演讲时，第一句话非常重要。它对全文起着一种提纲挈领的作用，就如同音乐的"定调"，预示着"全曲"的基本风格与走向；第二，比较恰当的第一句话也不是那么容易寻觅的，它需要演说者花时间去钻研与斟酌。

想要学会创意开场，就需要我们分析三个基本的心理问题。这三个心理问题，也是听众最关心的三个问题。

第四章
第二步：流程细化，让路演规范化

首先，你主要会讲什么。

也就是说，听众最想要了解演讲的内容是不是他所关心的，他所需要的，他所感兴趣的。如果不是，他很可能就失去了继续听的欲望。

其次，你为什么要讲给他听。

换一种说法就是，你有什么资格讲给别人听，你所讲的内容是否具有一定的专业性、权威性以及有效性。这一点如何表现出来呢？很简单，你可以列举自己的成就。比如，你在某个方面已经认真研究多年。比如，你的客户跟你反馈，他因为认识了你而有所获益、成长与蜕变，因此提高了收入，提升了生活质量；再比如，你曾经被一些权威的媒体进行过追踪报道，有第三者见证等。

最后，你所讲的内容，对他有何益处。

也就是说，你所讲的内容跟听众有什么关系。每一个人最关心的都是自己，即每个人都在潜意识里关心那些与自己相关的事情。所以，在你演讲过程中，一定要时刻提醒听众，他听你的演讲、看你的报告，跟他有什么关系，他可以从这场演讲中获得什么好处。这就是你开场白应该解决的问题，以及应该取得的目标。

演说者在开场白的时候能够巧妙地解决这三个问题，就能很好地实现与听众拉近距离、建立信任以及引起听众兴趣的目的。

提出三个问题，再解决这三个问题，从而实现自己预设的演说目的，为下面的演讲做好准备，就能让听众全神贯注听你演讲，而不是怀疑你、反驳你和抵触你。有创意的开场白有助于演说目的能顺利达成，而平淡无奇的开场白，听众没有兴趣，也就不可能顺利达成演说目的。这两种情况所产生的效果是截然不同的，所以我们在创意开场白的使用上，需要下一番苦功夫。

路演商战

直截了当，突出路演主题

对于商业路演而言，一般都会有着非常严格的时间限制。想要在限定的时间之内，顺利达成自己的路演目的，有一点就非常重要——直截了当，突出路演主题。

只有在最短的时间内，表明自己的主题，你才可能激发那些与你志同道合的投资人的倾听兴趣。否则，你东拉西扯，毫无主题，没有对路演主题有帮助的话，这样的路演就是失败的。

纵观那些成功的路演者，基本在路演之时都能做到直截了当，突出主题。

我曾经参加过一场新型纳米材料石墨烯的主题路演，演讲者申万宏源的有色分析师刘平进行了如下演说：

大家都知道"十三五"新材料规划有望在今年落地，今天我主要就石墨烯这个品种和大家展开交流，其他的新材料也会适当涉及一些。

石墨烯行业过去给大家的印象一直是技术不成熟，成本偏高，远远不到产业化的时候。我们认为近几年在资本市场和政府政策的持续推动下，石墨烯的生产技术和成本都有了很大进步。类似于导电添加剂、触摸屏、导热膜等已经有批量应用，相关公司收入都已超过千万级别且还在快速提升（部分公司甚至靠销售石墨烯产品已然能够产生利润）。

我们的整体看法是，石墨烯有望在未来一至两年内进入产业化阶段，已经有石墨烯企业收入超过亿元，明星企业开始大量采用石墨烯产品。

近年来，随着石墨烯加工工艺的不断改进，石墨烯粉体的成本已经下降至2011年的十分之一（约200元/千克），而石墨烯薄膜的成本也可以控制在200元/平方米左右。

第四章
第二步：流程细化，让路演规范化

上游成本的下降使得下游应用多点开花，石墨烯在储能材料、传感器、触控器件、导电油墨浆料、复合材料等多个领域已实现产业化应用，相关石墨烯公司的营收都有了快速的增长。

根据《中国制造2025》重点领域技术路线图的要求，2020年石墨烯需要形成百亿产业规模，2025年整体产业规模突破千亿大关。

海外发达国家早已认识到石墨烯作为影响国家核心竞争力的重要性，大力支持石墨烯的研发和商业化。据不完全统计，英国、美国、韩国等发达国家已公布的针对石墨烯的研发和产业化政策涉及金额已超过60亿美元！

再看中国，自2014年以来，国家对石墨烯的政策支持持续不断：2014年11月，三部门联合发布《关键材料升级换代工程》，提出到2016年实现石墨烯的批量稳定生产和规模化应用；2015年11月，三部门出台关于加快石墨烯产业创新发展的若干意见，从多个维度推动石墨烯发展；2016年5月，工业和信息化部原材料工业司在北京组织召开石墨烯产业发展座谈会，提出了促进产业发展的措施建议。

未来在需求牵引和政府支持的双轮驱动下，新材料产业规模还是会保持20%以上的高速增长。我们建议投资人对这个领域要充分重视，提前布局。具体的新材料种类可以参照我上面提到的石墨烯、碳纤维、高温合金、新能源材料等等。

通读路演稿，我们可以发现，路演者自始至终都在围绕着石墨烯这个大家最关注的点展开自己的表述。从石墨烯的产业发展到政策扶持，以及石墨烯的未来发展前景，路演者都作出了最专业的表述。即便是外行，也能从路演者的介绍中，了解关于石墨烯的一些知识，以及所蕴含的巨大价值。这就非常有利于路演者顺利达成自己的路演目的。

创意开场的技巧与模板

常言道"万事开头难",对于路演开场来说也是如此。路演的开场开得好,就能快速入题,这将直接决定一场路演的成败。在路演时,开场主要有两个作用:第一,建立与听众之间的同感;第二,打开场面,切入正题。可以这样说,开场白是路演者留给听众的第一印象,同时也是在听众那里树立旗帜,你的这面旗帜是否能够笼络住人,这将直接决定你的路演效果。开场白如果能讲得引人入胜,就能产生一种穿针引线的效果,或者是一种震耳发聩的效果,进而调动听者的求知心理。

常见的开场白技巧有这样几个:

一、增近感情

通常情况下,在最开始的时候,路演者与听众之间在情感上存在距离,如果不注意的话,很容易给听众造成一种"说教感"。可是,我们要知道,路演时的听众,可是能够决定我们未来命运的,我们去给他们说教,很可能就会造成他们的反感,影响路演的结果。反之,假如我们能够一开始就抓住听众的好奇心,使其与你产生情感的共鸣,乐于倾听你的"演讲",那么,你接下来将要说的话,也就顺理成章了。

二、设置悬念

人都有好奇心,如果你在开场白中巧妙地设置了悬念,就可以牢牢地吸引听众的注意,吸引他认真地听下去。

三、故事入题法

一个形象生动的故事,可以很好地渲染气氛、烘托主题,达到激发情感的效果。

第四章
第二步：流程细化，让路演规范化

四、利用名言警句等文采丰富的句子入题

不管是名言、诗歌还是一些富有哲理的句子，如果你能让听众感觉到你说话有水平和文采，这也是不错的结果。

五、利用新闻提醒

在路演之前，借助一些新近发生的新奇事物打开局面，往往也能让听众产生强烈的好奇心，收到意想不到的效果。

当然，在设计开场白的时候，我们还需要注意这样几点：其一，要有针对性，学会有的放矢。其二，紧扣主题。简洁明快地进入演说内容，不要拖泥带水。其三，不要落入俗套。少说一些空话、废话、套话。其四，文采斐然，争取一开口就能抓住听众的心。比如，著名学者郭沫若曾到北京大学做过一场"关于北伐战争"的报告。在面对众多青年学生时，郭沫若激情澎湃地说："同学们，今天，我是面对青春的海洋，来摆革命的龙门阵！"

虽然只有一句话，但是这个极有文采的开场，却一下子就吸引了青年学生的注意。

掌握了这些开场的技巧，其实我们的路演已经成功了一半。但是，我以为这还不够，假如我们能够掌握以下十种开场白的模板，所取得的效果会更好。

1.趣闻轶事

刚才，在我来参加路演的路上，受到一个持枪人的攻击，现在我问大家……

2.引用名人语录

富兰克林（罗斯福）曾经说过……

3.提问法

在正式介绍我的项目之前，我先问大家一个问题……

4.直奔主题

我坚信如果你使用了……你一定会深深地爱上……

5.新奇的表述方式

你知道吗,我们有大约4000多种方式来烹饪豆腐?

6.提出完全相反的观点

比尔·盖茨曾经说过:微软的目录服务领先于任何厂家,我今天在这里,将会向您证明这不是真的。

7.你所陈述主题的历史

您知道1986年一台IBM的机器要卖多少万美元么?而今天又是多少呢?

8.大胆地假设

如果我们假设世界是平的……

9.直接陈述自己的需求

我们目前的情况是这样的……

10.发出感叹或者提出要求

今天的天气很不错,让我们大家一起动起来……

好的开始是成功的一半,所以,我们要利用演讲的开场白快速把听众的注意力吸引到自己的主题上。在我们进行过简单的自我介绍以及对听众的问候之后,就要直接切入正题,介绍路演的大纲,并根据听众的反应对路演内容做出及时的调整。当然,在做这一切的时候,一定要站在听众的角度。

第四章
第二步：流程细化，让路演规范化

路演时脱颖而出的四大招

诚如我们在前面所说到的那样，当前的路演活动多如牛毛，很多企业更是为成功实现路演目的而奔走。不管是投资人还是普通用户，面对如此众多的路演活动，难免会出现审美疲劳。所以，对路演者而言，想要在众多的路演项目中脱颖而出，并不是那么简单的事情。

为此，很多年轻的创业者在跟我交流的时候经常会问，有没有什么诀窍，能够让我们在路演的时候比别人表现更出彩，从众多的路演项目中崭露头角。

这个诀窍是有的，一共包括以下五个方面。

数据和图表不可少

在进行路演的时候，数据和图表是路演者进行项目展示必不可少的要素。然而，如何让这些数据和图表更加形象生动，让听众有更深切的感触，这是需要路演者多加思考的问题。

现实生活中，我们不论是在工作中还是生活中，总是会遇到一些数据。这些数据如果简单说出来，我们可能并不会有特别具体的概念。这是因为有概念的数据，往往是非常有限的。比如，大家知道太阳的体积要远远大于地球，但是，究竟比地球大多少，我们并没有精确的概念。但是，如果我们这样说，"太阳的体积相当于130万个地球"，大家可能就会感觉到二者之间的巨大差异，可是这个对比还不是非常清晰。如果，我这样打个比喻，太阳就像是一个足球，而地球就好比是足球上的一粒灰尘。这样的对比是不是就非常形象，也非常具体了呢？

这就是数据运用时的一些技巧，将我们认知里抽向的、无法具象的数据转化成看得见、摸得着、司空见惯的事物，这就非常有利于人们理解。

比如，在电影《私人定制》里就有这样一个场景，宋丹丹扮演的丹姐要圆一个有钱人的梦。宋丹丹问葛优："我有多有钱？"葛优说："20辆大卡车，上面全装着钱，拉到你家去，你能想象吗？"丹姐立即震惊了，"20卡车，是多少钱？"葛优回答："五亿六。"如果葛优只是告诉宋丹丹，她有五亿六，可能她并不能想象这个数字究竟有多么庞大。当时，葛优说用20辆卡车来装这些钱，则非常形象地说明了这个问题。

在路演活动中，让所有听众能够明白你的数据背后代表着什么，这很重要。所以，对路演者而言，学会数据转换显得非常重要。

曾经有人问过1500亿相当于什么，有非常睿智的人士做了这样一个比喻，假设你每天都能中500万，连续中10天，是5000万，连续中100天是5亿，连续中一千天是50亿，连续1万天中奖则为500亿，连续3万天中奖才有1500亿。3万天折算成年是多少年？82年！

看到这个数字的时候，我们是不是对1500亿有了更加深刻的理解呢？这就是数据转换的能力。假如我们没有这个能力，当我们提起1500亿的时候，听众可能也只是会觉得这个数字比较庞大而已，不会有特别深的感触。但是，完成数据转化之后，给人的感觉就不一样了。

第四章
第二步：流程细化，让路演规范化

连续82年中500万，这样对1500亿进行解释，就非常具有震撼意义。

说完了数据，接下来我们还需要注意图表的植入问题。数据和图表配合使用，能够给人一种一目了然的视觉效果。所以，在图片、图表的使用上，路演者也需要多加注意。

如何植入图片才是最科学的呢？有路演高手这样说：

所谓画面植入，就是将路演者想让听众知道的画面无形地植入听众的大脑，让听众在潜意识里认可路演者想要表达的观点。

比如，电影《2012》在上映时引发人们的热议，玛雅预言2012年将是世界末日。但事实却证明，关于世界末日的传言是不实的。然而，观看了这场电影的人，在那些逼真的画面影响下，却几乎相信了这个预言。

这就是画面植入直接能够触及人们心灵的强大功效。这些电影画面，在经过一定的人为加工以后，就可以让看到的人跟着制作者的思路走，进而在无形之中将看到的画面信息植入脑海。

在路演的时候，我们完全可以采用这种画面植入的手法，让听众跟着路演者的思路走。让这些图表、数据为实现路演者的目的服务。随着社会的发展，这种画面植入的方式，不仅在电影、电视剧、广告牌以及小视频中频繁出现，在一些路演活动中，也经常出现。

美国全球品牌内容营销协会分会主席辛迪·开来普斯就曾经对广告形式进行了深入的剖析，最终得出一个这样的结论："我们正从一个营销沟通的打扰时代走进一个植入的时代。"

在这个植入的时代，如果你能让观众欣然接受而不反感，你就是成功的，反之就是失败的。

当然，对于路演活动来说，不仅要有图表、数据的植入，更要有思想的植入。从思想和感官上获得听众的赞叹，你的路演活动其实已经成功了一半。

脱稿让听众对路演印象深刻

对于商业路演而言，时间一般都较短，如何在较短的时间内，超水平发挥呢？一般说来，演讲稿都有一定的框架，按照自己的需要去填充这个框架，对你的脱稿演讲很有帮助。

演讲经验归根结底就是"勤奋"两个字。台上的精彩表现，往往都是靠着台下的勤奋练习来实现的。将演讲稿准备好，反复练习，一个字一个字地练。比如，前段时间，我曾参加过一个项目的内测，路演时限是十分钟，为了这场内测演讲，我也是做足了功夫。

我的演讲经历较为丰富，参加的各类型演讲已经超过500场，但每次去参加演讲之前，我依旧会充分做好准备工作。这一点，恐怕很多抱怨自己路演效果不好的人，都做不到。

在我看来，只要你做好充分的准备，路演之时，你想讲不好都难，而你演讲成功的次数越多，你就会越自信，越是自信，听众对你的印象就会越好，接下来的演讲就会更加水到渠成。

当然，在脱稿演讲时很多人可能会感觉到紧张。然而，只要你从这五个方面做好准备，就能保证给观众呈现一场精彩的演讲。

一、自信

更多时候，听众是来听一场对他有价值的演说，而不是来看你到底是帅哥还是美女的，所以你的状态很重要。站在路演的舞台上，一定要让自己表现出充足的自信。让听众觉得，听你的演说是有价值的。当然，任何人在登台演讲的时候都不可避免会有些紧张，这无关紧要，适度的紧张不仅不会影响你的发挥，还会提升你的注意力，帮助你发挥得更好。假使你的确非常紧张，你可以尝试着对你的听众微笑，当听众回应你微笑的时候，你就能慢慢放松下来。我曾经历过很多场合的演讲，不论是面对几十人的演讲，还是面对几百人的演讲，我都能做到自信应对。这其中很大一部分原因，就是因为我经历得多，练得多了，对场面气氛驾驭得比较好。

二、做好准备

一般说来，很多演讲不可能是当天才通知你的，而是会提前告知你。比如，我参加的一场"关于新能源"的主题演讲。在这个活动之前，我提前四个月就接到了邀请，预约了行程。所以，在这场活动举办前的两个月里，我就在为这场活动做准备。我不仅写了演讲稿，做了PPT，还自己寻找机会在一些不大不小的场合做一些小范围的试讲，评估听众的反应。根据他们的反应，对我的演讲稿以及PPT内容做出删减。正式开始演讲之前，我会提前交上PPT，期待官方反馈，根据官方的反馈再做出及时的调整。

为了参加该活动的内测，我与项目活动方面对面进行交流，了解了整个活动的流程以及活动要求，然后我回家又写了一个PPT。

其实，只要我们在平时做好了准备，了解了演讲的环境、对象、时间限制以及自己的出场顺序，你到会场时就会心中有底了。

三、编写演讲稿

想要做到脱稿，必定要先有稿。只有心中有一个稿，对稿上的内容做到了心中有数，才能在熟能生巧中脱稿。我虽然经历过很多次演讲，有些演讲内容甚至都大同小异，但是，我却从未忽视过撰写演讲稿的工作。相反，我对这个工作还非常重视。一般说来，那些时间比较紧的演讲，我会将演讲稿的字数控制在1800字左右，若是不考虑互动的话，我就会将演讲稿控制在3000字以内，不然就会超时。做好了演讲稿方面的准备，接下来，我们还需要制作精美的PPT，在PPT的页面上写明备注，然后用PPT辅助演讲稿。

演讲稿与PPT相互搭配，利用PPT提醒自己该讲哪里，效果往往也会非常不错。

四、勤加练习

天才是百分之一的灵感加上百分之九十九的汗水，想要在正式登台的时候做到游刃有余，就必须在台下付出更多的汗水。

众所周知，乔布斯是个出色的演说家，但是很少有人知道，他会为了一个演说的细节反复斟酌。

所以，如果你觉得自己路演时不够熟练，不够自信，那只能说明一个问题，你练得还不够。

五、敢于自嘲

路演者并不是全能的，身上必定会存在某些不足，也许，当你登上路演舞台时，这些不足还会让你成为观众嘲笑的对象。但是，作为路演者，我们一定要学会如何化被动为主动，学会用自嘲化解危机。

比如，我这个人唱歌不好听，但是，有一次活动时，有人起哄让我唱首歌，结果可想而知，我跑调跑到大西北了。

现场听众虽然哄堂大笑，但是并无恶意，反而觉得我这个人很可亲、可爱。其实，很多时候，当你敢于自嘲自己的弱点时，大家看到的也不是你的弱点，而是你直面弱点的勇气。

听我说了这么多，你是不是已经明白了呢？这个世界上，没有任何人天生就是成功者，所有的成功者只是比寻常人多付出了一些努力。在此，我有一句话要送给大家，你若想在路演的舞台上举重若轻，就需要在平时多加努力。

动作、眼神结合让路演更生动

在互联网上曾经盛行这样一句话，"人生如戏，全凭演技"。其实，对于

第四章
第二步：流程细化，让路演规范化

路演而言，何尝不是如此。所谓演说，就是"演"和"说"。路演就是面对很多观众的演说。无论路演者想要表达的是什么，只要站在路演的舞台上，那么，就是一个演员。既然是演员，就一定要有演技。那么，什么是路演者最重要的演技呢？一般情况下，第一印象的构成因素主要包括：外形与肢体语言占55%；语调与音量占38%；话语占7%。

从上面这个数据中，我们不难发现，肢体语言直接影响着路演者留给听众的第一印象。

说到这里，我们不得不提一个人，那就是美国前任总统奥巴马。很多人曾听过奥巴马竞选美国总统时的演讲。当我们看到奥巴马那激情澎湃的演讲画面时，我们从他那坚定的眼神、底气十足的语气以及开放式手势中，深切地感受到一样东西，那就是气场。

气场是什么呢？简单说来就是演说者借助周围环境与观众形成的一种无形的感觉。气场以演讲者与现场观众互动的形式产生，反过来又影响着观众的情绪，并呈现出一种此消彼长的状态。这种状态，便是我们通常所说的控场。控场能力与演说者的演讲水平有着极大的关系。这是由演讲者的经验、自信心、舞台表现力以及感染力所呈现出来的一个气场的动态平衡。

以奥巴马竞选美国总统时的演说为例，奥巴马在竞选美国总统的时候，曾经参加过多次路演，在路演过程中，他的眼神总是异常坚定，透着一股威慑力，让人感觉很有威严，这就是眼神的神奇魅力。

很多知名的演讲者都这样说，眼神是心灵的窗口，也是气场形成的重要因素。很多演讲者留给听众的第一印象，往往是通过眼神实现的。

一个没有演讲经验的人，其眼神往往会闪躲、呆滞，不懂得如何与观众进行眼神的交流，也不懂得如何用眼神去控场。相反，那些有着丰富经验的演讲者则多会在上台之后，环顾四周，然后找到一个可以与他进行眼神交流的人，在互动中展开自己的演说。当演说者的目光与听众产生交流的时候，听众就很容易对他的讲话做出反馈，甚至渐渐同意他的观点，这是人与人眼神交汇时所做出的本能反应。

我们在进行路演的时候，可以通过与听众进行眼神的交流，来获得他们的关注与赞赏。只要你的眼睛一直注视着对方，对方就一定会做出一些回应。这是表情沟通中的一种本能反应。

说起眼神与面部表情的重要性，有这样一个插曲或许能够让我们更深切地理解这一点。对奥巴马竞选总统的来龙去脉有一些了解的人都知道，当年奥巴马在第二轮竞选的时候，曾经一度占据着非常大的优势，但是后期的支持率却一路下滑。这曾经让奥巴马百思不得其解，后来，有专业人士曾专门查看了他的路演视频，结果发现，最重要的原因就是他在电视讲话的过程中，不经意间所做出的一些表情，影响了他在观众心目中的形象，最终影响了观众对他的支持率（见图4-1）。

图4-1 奥巴马演讲表情

后期，奥巴马对自己的这些路演细节进行了修正，情况得到了极大的改观。

除了眼神与面部表情，手势对路演者的重要性也是不言而喻的。不少优秀的创业者与企业家在登上路演舞台的时候，很喜欢做出一些开放性的手势。这些手势，很容易就能增加他们的个人气场，增强他们说话的权威性，让听众快速地与他们产生共鸣，跟着他们的手势与动作走。

经常被路演者使用到的手势有哪些呢？大概有这样几种：

◎邀请手势。手指并拢，呈135度指向一个人。这个手势充满着善意，如果在人少的情况下，你想邀请别人发言，便可以使用这个手势。

◎区分型手势。当你想要列举数字一、二、三时，你不可能朝着观众掰手指头，这是很没有内涵的手势。这时候区分型手势就可以派上用场了。区分型手势一般是双手从内往外，或者是从外往里，效果一样。在列举数字的时候，最好是一边朝下切，一边计数。这个手势，是乔布斯经常使用的一个手势。

◎内OK手势。食指弯曲顶在大拇指指尖处，另外三根手指握紧。使用这个手势，既能表现出一定的权威性，又能让你看上去非常温和。

◎尖塔型手势。这个手势双手合拢，好像教堂里的尖塔。这个手势会让人感觉你胸有成竹，非常自信。在一些谈判场合使用，则表示"我掌控环境""我掌控局势"之意。

◎倾听型手势。指尖摸住耳朵，表示我真的在倾听。这个手势，主要用于路演者想要听清楚远方观众的回答，或者是听清楚远方观众的掌声时才会使用。

综合上述，路演者需要在动作、眼神等等方面多下功夫，那么登上路演舞台之时，就能做到成竹在胸，使得自己的路演更加传神、生动。用自己的眼神与动作感染听众，让听众深受你的影响，认可你的观点与理念，成为你的支持者与拥护者。

商业逻辑清晰，打消听众疑问

投资者决定是否去投资一个项目，最主要的是看这个项目是否具备盈利的能力。资本本身都有逐利的特点，并且也拥有自己的思想。企业未来究竟能够产生多大利润，实际上正是在目前事实的基础上，经过逻辑分析最终得出的判断。

对于投资者而言，投资都是有风险的。但是，这并不意味着投资者会把自己的钱投给那些突发奇想，仅凭着脑海中一时火花迸发就想要获得融资的创业者。因为经验丰富的投资人很清楚，偶然的灵感迸发根本无法展示出项目本身的逻辑性，而没有逻辑性的项目，投资人是不会买账的。

从投资人的角度来分析，决定其是否投资一个项目，最关键的就是逻辑。所以，一个企业想要获得投资者的青睐，一定要向投资者展示出自己最周密与最可信的逻辑。

所谓路演的商业逻辑，其实就是从察觉到一个商机到制定出某些决策的过程，即为了实现终点思维所确定的目标，在当下展开的每一个行动，这个过程中所发生的一切。

商业逻辑包括业务的发展、企业的构成、市场的发展趋势以及财务的管理等。

逻辑是思维的基本表现形式，能够反映出客观事物的本质特征。

对于路演者来说，当你登上路演的舞台时，如果能够精准地阐述你企业本身的商业逻辑，其实就已经在很大程度上获得了投资人的好感。

我们试着将一家企业的商业逻辑进行一下总结与梳理，可以看到这样六个关键点：

◎公司：在发现市场需求的基础上，组成一家公司来提出相应的解决方案。

◎业务：公司需要完成的业务以及公司需要实现的目标。

◎步骤：为了实现这些业务以及公司设定的目标，需要分哪些步骤。

第四章
第二步：流程细化，让路演规范化

◎团队：可严格执行公司行动目标的关键人员。

◎预算：为了实现公司的预定目标，公司需要花费的各项费用以及额度。

◎退出：投资者支付了承诺的投资之后，得到的回报是什么，以及退出机制是怎么样的。

以上六个关键点，是路演企业在进行路演过程中必须要提及的商业逻辑，也是投资人最为关心的问题。

一、公司

公司本身主要有三个关键部分构成：公司、运营中心以及业务单元。逻辑的结果则包括：愿景目标、财务目标、业务群、业务单元组合、投资分配以及大型发展机遇等。

为了实现结果，就要依靠运营中心与业务单元。运营中心主要关注的问题有业务单元的组合、投资的分配、相关的增长机遇等。不同的业务单元支撑起运营中心的细节。业务单元则主要是关注那些更为具体的内容：研发何种产品，在哪个市场或者哪个地域发展，如何参与竞争以及其他的一些增长机遇等等。

公司战略发展，大多时候也是基于这种逻辑，在内外环境的共同作用下，所产生的一种结果。影响公司发展的外部环境主要有：上下游关系、行业环境、新生竞争者等。内部环境则包括优势、机会、弱势与威胁等等。公司发展战略的调整，将会直接影响到公司的财务预算以及组织结构的安排。在这个意义上讲，逻辑的结果，也就是公司的战略框架。

二、业务

业务的展开，主要依据的是公司的价值链系统，即：研发—制造—营销—销售—服务。路演者在向投资人解释自己的价值主张时，首先要考虑的就是各项业务的优先排序以及解决问题的难易程度。

优先排序的依据是什么呢？有这样三个要素：最易赚钱、最易操作、最易实践。

三、实现步骤

实现步骤一般分为三种。第一种，实现公司短期目标所需要的步骤；第二种，实现公司的组织框架所需要的步骤；第三种，实现公司的财务计划所需要的步骤。从一个公司发展的历程来看，公司的发展步骤可以分为创业期、成长期、成熟期与衰退期四个阶段。针对这四个阶段实施相应的战略对策，即为实现步骤（见表4-1）。

表4-1 公司不同发展阶段要实现的目标

公司发展阶段	需要实现目标
创业期	商业模式、品牌的定位以及合伙人机制
成长期	创新模式、市场扩张、人才战略、新品发布、融资以及上市
成熟期	上市、多元化发展、收购/并购、资源的整合、国际化以及接班人问题
衰退期	被收购/并购

四、团队

一只凝聚力强大的团队，往往能够创造出让人惊艳的成绩，这也是投资人非常看重的一个因素。同时，能够创建一个优秀的团队，则是创业者能力的一种体现。

公司的组织架构多是为了更好地实现公司的发展战略服务的，所以，每一个独立的单元，都应该考虑到与其他部门的顺利衔接，并为了整个战略顺利达到终点发挥出自身的作用。此外，还要考虑到岗位设置对公司机制所能带来的变化，对管理成本所产生的影响等等。

五、预算

公司的预算，通常情况下分为两种：一种是总预算；另一种则是责任预算。总预算是为企业生产经营的各个方面确定全面的目标与任务；责任预算则是对总预算进行一个目标分解，从而让各个责任中心形成自己的预算。换句话说，责任预算实际上就是将总预算所确立的目标落实到各个部门，以调动他们的积极性，保证总的预算目标得以实现。

制定公司的预算目标一般有这样五个步骤：对所需的各项信息进行收集；提出初步的目标；对初步确立的目标进行层层分解；对基层的经营计划进行分析与汇总；核实预算。

六、退出

对于任何一个项目来说，有开始就有结尾，所以，当我们在谈及逻辑的时候，一定要事先确定好自身的退出系统。这对投资者而言非常重要。因为，这对他们来讲，是一个能够看到开始，也能看到结束的生意。

对于任何企业来说，退出机制都无外乎这样三种：上市、回购与并购重组。无论你的退出机制是上市、回购还是并购，都一定要讲清楚。明确的退出机制，也能帮助你将路演画上一个圆满的句号。

讲清楚你的商业逻辑，让投资人能够清楚地看到企业的发展机遇以及发展逻辑，就能有效地打消投资人对企业的疑虑，帮助企业顺利赢得投资人的肯定，取得路演的成功。

直面质疑，打消疑虑

当创业者面对投资人进行路演的时候，投资人不可能一开始就对创业者百分百的信任。相反，投资人总是会多个角度对创业者的路演细节提出质疑。面对投资者的质疑，创业者要清楚，投资人有质疑是好事，至少说明他对你的创业项目感兴趣，愿意与你就某些细节继续交流。面对投资者的疑问，创业者最需要做的不是感觉尴尬或者是想尽办法辩解，而是要试着去打消投资人的疑虑。当投资人所有的疑惑都消解的时候，或许就是你的机会到来的时候。

投资者有疑问是一件好事

有经验的投资者从来不会光凭着所谓的第一印象，就轻易将自己的资金投出去。他们会慎重地对待他们有投资意向的项目，仔细与创业者探讨项目的细节，对创业者所提出的盈利模式以及退出机制等提出自己的质疑。

对创业者而言，投资者的质疑不仅不是坏事，反而是促成投资成功的好事。阿里巴巴在路演的过程中，就曾因为三年前将支付宝剥离的举动遭到投资

第四章
第二步：流程细化，让路演规范化

人的质疑，投资者因此担心阿里巴巴公司内部的治理问题。

英国《金融时报》报道，在路演期间的一场不公开的会议中，基金经理对支付宝被转移至创始人马云控股公司一事提出了质疑。实际上，该问题在此前纽约与波士顿路演时的午餐会上也曾经被提到过。

面对投资者的质疑，阿里巴巴表示：中国针对支付公司外资所有权的法规并不明确，因此，支付宝的所有权转移到了小微金服，阿里巴巴集团的权益则被一份利益分享协议取代。

对此，马云也毫不避讳地说："那是我一生中最艰难的决定。"

虽然支付宝的转移过程一度被怀疑是"不透明的"，但最终还是有不少企业高管将筹码押在了阿里巴巴身上。就如一位投资人所说："对我而言，我押的是管理层。马云在谈起阿里巴巴的时候，就像是在谈自己的孩子，他小心翼翼地将它抚养成人。而且，在电商这个领域，这家公司拥有明显的优势，从庞大的市场占有率到品牌的知名度以及经验丰富的管理团队，这都是值得我们信赖的地方。"

此外，在阿里巴巴与支付宝所达成的新的利润分享协议中，阿里巴巴的税前利润从上一版本协议规定的支付宝公司的49.9%，调整为小微金服集团的37.5%。虽然利润比例有所降低，但是小微金服的业务范围却比支付宝的业务范围更加广泛，涵盖了中小企业贷款、天弘基金、招财宝以及众安在线等多方资产，利益覆盖面甚至涵盖了未来的网络银行领域。

利润分享协议规定，当小微金服或支付宝IPO时，原来一次性现金回报60亿上限的条款被取消，但是IPO的条件却是市值达到250亿美元，这也就意味着小微金服一次性付给阿里集团的回报至少达到93.75亿美元。此外，协议还规定，如果未来小微金服提出申请并获得监管机构的书面许可，小微金服将会增发33%的股权来换取阿里巴巴集团目前所拥有的利润分享与现金补偿权益。

这些规定，给阿里巴巴入股小微金服留出了足够的发展空间。也就是说，

路演商战

如果被监管机构允许，阿里巴巴还可以通过入股获得更加长远的效益。

这些措施，有效地打消了投资者的疑虑，阿里巴巴的IPO路演也受到了热捧。路演仅仅两天，阿里巴巴便获得了足额认购。

不可否认，马云是一位非常杰出的演说者，他在答投资者问时，也是有理有据，让人不得不信服。

其实，对于任何路演者而言，想要获得投资人的认可与投资，解决投资人的疑惑都非常有必要。

我曾看过一个旅游项目的线上路演，在该项目路演的时候，有不少人参与了讨论，投资人与旅游项目方不断地发生思想碰撞，最终产生了智慧的火花。在这个过程中，投资人对整个项目的历史、现状与未来有了更加清楚的了解与认识，也对该项目提出了许多的宝贵意见。

碍于篇幅所限，我在此将该路演项目答疑部分进行了一下整理，以供大家借鉴。

投资人：我是否可以这样理解，这个股权还包括了后期要开发的其他几个禅修馆的项目？

路演者：此次众筹只针对牧云谷禅修公馆（九华馆）。但是参与本次众筹的股东将直接成为基础投资者享有"双优政策"，即优先、优惠参与未来五台山、峨眉山和普陀山三馆相关股权的募集。

投资人：现在进入是按照多少钱一股计算的？
路演者：投资10万元占0.2%股份计算。

投资人：股改的具体方案是什么？
路演者：两年内由国内知名券商主导；会计事务所完善财务制度；律师事

第四章
第二步：流程细化，让路演规范化

务所完成法律文件后完成股份制改革，统一推荐在北交所挂牌上市。

投资人：项目进展情况？

路演者：项目主体已建设完成，剩下内装和户外园林景观部分，内容详见项目在大家投平台上的介绍，或者加微信公众号"九华山牧云谷"了解。

投资人：领投准备投多少？

路演者：领投人起步为500万的5%，不设上限。

投资人：投资收益有哪些？

路演者：享有5%的年收益5000元或一张价值10万元的VIP会员金卡。项目在新三板上市后，享有股权溢价转让的权利。此次众筹的股东将直接成为五台山、峨眉山、普陀山三馆的基础投资者，可优先、优惠参与相关股权的募集。

投资人：退出机制是怎样的？

路演者：首次公开上市（IPO）退出；股权转让退出（单个投资人转让、有限合伙集体转让）。

投资人：项目土地性质是什么？

路演者：土地所有权归地方政府，十年租期是第一期招租定的，后期和出租方沟通过，我们可以延长租期，经营时间没有问题。

投资人：投资的上限和下限是多少？

路演者：跟投额度最低为项目融资额度的0.2%，约为10万元；最高为项目剩余未被认投金额。

投资人：领投人确定的怎样了？

路演者：领投人已确定。

投资人：九华山客流量怎么样？

路演者：目前九华山没有明显的淡旺季，一年的游客量九百余万人次，尤其在节假日人流如织，多时一天八万人，冬季游客量略少。

（资料来源：九华山牧云谷禅修馆线上路演答疑）

很显然，当投资人的所有疑虑都被打消以后，也就能够没有后顾之忧地投出自己的资本，与创业者达成合作，促成双赢。

以礼相待，坦诚回答

投资者对一个项目有投资意向的话，必定会与创业者就项目的一些细节进行相关讨论。创业者此时一定要保持一种低调、谦恭的态度，对待投资人的疑问，甚至责难，不要觉得尴尬或者不愉快，而是要认真对待投资人的质疑，坦诚回答投资人的问题。即便你的项目的确存在一些不足之处，你的坦诚也会换来投资人的信任。假如你能成功地说服投资者，你的项目想要获得融资，也就是水到渠成的事情了。

《众筹工坊》系列群中，有一个众筹项目受到不少人的关注。这个众筹项目就是美食客"过锅瘾智能餐厅项目"。该项目认筹仅仅20天，就完成了超额认筹。

这个成绩看起来似乎不错，但是美食客的相关负责人却这样说："这个结

第四章
第二步：流程细化，让路演规范化

果其实远远低于我的预期。在这个项目刚刚发布的时候，我的预期筹款期限是15天，还好最后被爱合投内部人士改成了常规的两个月，否则……这个项目很可能会无疾而终。按照我的估算，过锅瘾在全国有100多家连锁店，智能餐厅的门口人流更是每日爆棚。这明显是低人工高毛利的项目，但是投资人却并不买账，反而对此不断发出质疑之声。我粗略算了一下，比较上规模的质疑至少有5次，小规模的质疑则自始至终都没有断过。质疑包括多个方面，比如管理方在分红中提取20%作为管理费，这究竟合不合理？我本人是否会参与经营管理？装修时所提及的财务监控是否能够落实？一年真的可以收回投资吗？两年内全额回购，采用余额宝利息做补偿是否过低？"

面对这种种质疑之声，作为有着7年餐厅收银系统安装经验，有着直接餐厅客户几百家，间接餐厅客户上千家，擅长营业数据分析与餐厅管理的该项目负责人，心里其实是非常不爽的。但是，他却很冷静地告诉自己："嫌货才是买货人"，如果投资人没有问题，要么是与你特别熟识，特别信任你，要么就是对你不感兴趣。

该负责人很清楚，这是他们第一次做餐厅众筹，在这个众筹圈子里根本没有老相识，所以，必须要对那些发出质疑之声的人做出解释。

于是，该负责人从项目对投资人的保证、退出机制以及财务透明度，与其他平台的对比等诸多方面，分析说明了该项目众筹模式的优点与亮点，证明他们做这个项目的专业性。

这个解释的过程非常痛苦，因为有些投资人的问题非常不专业，该项目负责人解释起来就好比是鸡同鸭讲。甚至还有比较要好的投资人替他感到不值，觉得他这样做是在浪费时间。

但是，事实证明他这样做绝不是在浪费时间。随着他一遍一遍成功解决掉投资人的质疑，该项目的认筹金额不断增长，很快就超额完成了认筹额度。

这位负责人的做法非常明智。诚如他自己所说"嫌货才是买货人",投资人会对你发出质疑,那是产生兴趣之后的潜意识行为。相反,如果投资人不问,这才是最麻烦的事情。因为,这只能表示投资人对你的项目并不感兴趣。

很多路演者在不断遭到投资人质疑的过程慢慢积累经验,也能够坦然面对投资人的质疑。一位曾经参加过项目众筹的创业者甚至还这样说:"从回答投资人的质疑尝到了甜头之后,我们开始改变观念,欢迎大家提出质疑。因为解决掉投资人的质疑,就代表着打消了他们的疑虑,获得了他们的信任,进而赢得他们的认筹。每次被质疑完之后,认筹的额度都会呈现出一种疯狂增长的态势,很多当初质疑我们的投资人也变成了我们最忠实的支持者。"

就像我们在前面所说的那样,"酒香也怕巷子深",在这个路演项目层出不穷的时代,你想要从众多的路演项目中脱颖而出,投资人的质疑其实就是在助你一臂之力。

他质疑你,你帮他解惑,这一问一答的过程,无形之中就在投资人中间更进一步地宣传了你的项目。

在项目路演过程中,想要坦然面对投资人的质疑,有一个最基本的前提,那就是你的项目一定要有前景,经得起推敲,然后才是路演的后续推广工作。保障了这两点,在路演时再能耐心回答投资人的疑问,这个项目路演实际上已经成功了一半。

掌握六种应对技巧,让路演效果更佳

我曾经在一个路演活动中看到过这样一个路演项目——捷能充项目。路演者所宣称的"不用插电""体热充电"等全新概念,瞬间抓住了现场观众的眼球,也成功获得了投资者的关注。

第四章
第二步：流程细化，让路演规范化

然而，该项目被大范围报道之后，有不少网友对"手握充电"发出了质疑，他们认为，这明显有违物理常识，一时之间各种调侃、戏谑蜂拥而至。面对这种种质疑之声，有人试图从该路演者的技术辩论中还原当时的路演情形，但是，每每有人想要问及相关的技术问题，或者想要请他公布相关的路演PPT时，他都会以"这是商业机密"为借口婉言拒绝。

对于网友调侃他的话"只是为了吸引现场评委与风头，表述有欠严谨，甚至吹嘘了一些未曾实现的技术。"他也没有做出正面回应，只是很敷衍地承认，路演时可能真的"考虑不周。"

该项目路演者的经历是值得我们注意的，作为路演者，站上路演的舞台，一定要对自己的言辞非常注意。路演者要精心准备自己的路演稿，巧妙回答投资人的问题，只有这样，才能让自己的路演多一分成功的可能。

有经验的路演者都知道，几乎在每场路演活动快要结束的时候，路演者都需要留出几分钟的时间来给投资人，让他们进行提问。在这个时候，如何应对，才能让自己的回答看起来更有说服力呢？

我所熟识的一位有经验的众筹平台创始人分享了他的路演心得。

一、以一种平常心面对投资人的拒绝

想要从投资人口袋里掏钱，这并不容易，他们可能会有无数个理由拒绝你。如果你想要让他们为你大方地敞开口袋，你至少需要做对很多事情。不论投资人是否对你投资，你都不能让投资人左右你的情绪。因为，在这个世界上好的创意非常多，你的创意即便是非常出色，也可能会遭到别人的拒绝，所以，即便是在融资路演过程中遭到投资人的拒绝，也不要太在意。你要继续加快寻找投资人的步伐，直到成功融到自己需要的资金为止。

二、搞清楚你的投资人最需要什么

那些经验比较丰富的投资人的需求包括：优秀的团队；出色的产品愿景。所以，当你在寻找投资人的时候，不要找那些试图控制你的天使投资人，而是

要找那些能够赋予你一定主动性，能够欣赏你并且能够对你的创意给予支持的投资人。

三、巧妙地请投资人为你介绍其他人

相比于创业者，投资人的投资资源相对来说要更丰富一些。投资人不仅只是单纯为你提供资金的人，他们还能为你提供其他方面的帮助，比如说人脉、资源。路演即便是不成功，能够与一两个投资人交上朋友，请他们帮你介绍一些其他的创业者，尤其是那些他们曾经投资的创业者，这对你摸清投资人的投资脉络非常有帮助。

四、不要试图取悦所有的投资人

站在路演的舞台上，你需要面对很多的投资人，这时候，你要做的不是试图去打动所有人，而是尽量打动目标投资人。

何谓目标投资人？一位经验丰富的路演者这样说："在所有的投资人中，大概会有80%的投资人对你的项目不会有任何兴趣，我们要做的其实就是去打动剩下的那20%的投资人"。

五、剖析投资人的行业经验

每个投资人都有自己所擅长的投资领域，在投资的过程中，他们也更愿意去投那些他们比较熟悉和擅长的领域。如果他曾经在某个领域取得过一定的成就，这种倾向性就会更加的明显。所以，路演者清楚地了解一下投资人的行业经验，找到与自己的项目领域相契合的投资人，更有利于融资的成功。在回答他们的提问时，沟通起来也更加方便。

六、拿出诚恳的态度

有些创业者为了获得投资人的关注与青睐，会故意抬高对项目的估值。可是，我们要知道，任何一个投资人都不是傻子，他们在参加一个路演活动之前，对那些感兴趣的项目其实已经做了一定的调查。路演者盲目抬高项目估值，只会给投资人留下很糟糕的印象。相反，如果路演者能够诚心诚意地拿出

第四章
第二步：流程细化，让路演规范化

自己的态度，将自己最合理的估值说出来，投资人不仅不会看低你，对你好感还会大增。

综上所述，掌握这样六个路演应对技巧，那么无论你所参加的是融资路演、众筹路演、销售路演或是招商路演，基本都能做到从容应对，让自己的路演取得最佳的结果。

案例6：700Bike品牌路演

700Bike发起过一个"盲订"计划，只需要7元就可以"盲订"他们的自行车。"盲订"计划的整体构思如下：在不公布价格、具体样式、正式发布时间的情况下，用户以7元的价格，获得远超7元的礼物回报，包括购买权+70元购车优惠券+定制版《短暂飞行》。与此同时，还另设200元档位可选，用户可以获得整车的优先购买权+500元代金券+定制版《短暂飞行》。

"盲订"计划时间持续一个月。该计划一经发布，就在网上引起了不小的轰动，可以说是当年比较有代表性的众筹路演项目之一。

"盲订"的结果，也着实让700Bike的创始人张向东吓了一跳。张向东自己的"盲订"微博发布十小时以后，转发量就突破了一万，而通过知名微信公众账号"一条"转发的700Bike的宣传片，阅读量则达到10万多次。与此同时，700Bike还收到了大量的盲订货款。

在竞争日趋激烈的市场环境下，张向东的700Bike能够如此成功，与其个人的创业经验有着非常紧密的关系。张向东在互联网行业摸爬滚打多年，其创办的久邦数码早在几年就已经挂牌上市。在他连续创业之时，选择了自行车，注定会是一场艰难的战争。一个外行的职业经理人，想要迅速搞懂另一个领域并不是一件容易的事。

路演商战

张向东就曾这样说:"我真的是在做自行车以后才知道,我对自行车是多么的一无所知"。

伴随着越来越多的人对700Bike深入了解,700Bike在极客加速平台上进行了私密路演,针对极客加速平台上的认证投人进行了答疑。

其中,一位互联网企业的高管这样说:"我最后问一句,你是真的仅因为热爱自行车来创业,还是看到了它的商业价值?"张向东思考了一下,这样回答:"其实,最有魅力,最无法拒绝的一个点是做自行车这件事兼顾理性和感性,将个人兴趣和商业价值相结合。"

张向东在说这些的时候,满脸都是幸福,而台下的几十位极客加速的认证投资人面对张向东这个回答也露出会心的微笑。在张向东接下来一个小时的宣讲,30分钟访谈以及现场展示全系列自行车等环节,认证投资人在朋友圈用这些内容进行了刷屏,并且还精心拍摄了各种图片,充分说明了他们对此项目的重视程度。

在极客加速平台上,700Bike的股权认购一开始,来自各行业的受邀投资人瞬间的认购额就达到了217%,认购资金突破1000万元。

其实,在股权众筹的认购项目中,并不太容易出现优势明显项目,大多数优秀的项目早在公开路演之前就已经被投资机构拿走了。而这次张向东与他的700Bike,却是一个毫无悬念的明星项目。

不论是张向东身上移动互联网领域上市公司CEO的主角光环,还是700Bike成功获得A轮融资的光荣历史,都为700Bike在这次私密路演中的成功增添了砝码。不仅如此,700Bike此前曾发布了4个系列的自行车,而其盲订的退单率也非常低。可见,在前期的市场试水中,700Bike其实已经获得了目标人群的认可,市场潜力非常巨大。

此外,700Bike还拿出了相当于500万元人民币的股权,以B轮融资时价格的6折来招募投资人。与其去年首轮融资时拿下高达1亿美元的大手笔相比,这

第四章
第二步：流程细化，让路演规范化

次认购完全不像是在搞融资，也不像是在搞众筹。700Bike到底在做什么？

面对大家的疑问，张向东这样说，"以小额的股权众筹寻找创业兄弟会，与最棒的人一起创造。找到那些相信这是个有意思的事情，并愿意和我一同推动自行车在城市发展的人。"

很显然，张向东更像是在为自己找志同道合的合伙人，而他的坦诚以及面对投资人提问时的胸有成竹与淡定从容，也为他赢来了超额股权认证，以及优质的合伙人。

视频营销：路演必不可少的助力者

知名门户网站谷歌曾用大数据预测未来：世界上90%的第三产业财富是由眼球经济创造的，其中83%的消费者之所以掏钱购买产品，则是基于产品宣传所传递出来的感性认知，92%的消费者是从广告或者企业视频路演中获知的信息。互联网营销80%是视频营销，世界500强企业中，每年的路演视频占其广告投入的80%。

谷歌所发布的这一组大数据，其实很能说明一个问题：在当今的互联网时代，视频营销已经成为企业宣传推广的重要组成部分。

因此，企业要想为自己的路演加分，就一定要利用好视频这个有力的宣传推广工具，这会极大地提升企业的路演效果。

视频营销：视频+互联网

随着互联网的高度发达，信息传递的速度越来越快，越来越多的人倾向于使用手机消遣自己的闲暇时光，比如，手机阅读、手机K歌、手机追剧。在这

第四章
第二步：流程细化，让路演规范化

个智能手机泛滥的时代，企业只有更好地抢占那小小的方寸之地，才会获得意想不到的效果。

《夏洛特烦恼》这部电影的票房很高，也在观众那里赢得了很好的口碑。在电影正式上映之前，片方曾陆续在沈阳、济南、哈尔滨、武汉、北京、上海、成都、重庆、合肥、郑州、深圳、杭州、南京、大连、苏州等城市开启路演点映模式。在为期40余天的路演活动中，导演闫非、彭大魔，与主演沈腾、马丽、常远、王智、艾伦、宋阳带着这部剧跑了全国二十几个城市，200多家影院，开展了疯狂路演，给大家带来了近千场欢笑。

该剧路演在十月一小长假结束的最后一天，终于告一段落。而这部青春穿越剧也成为当年国庆档横空杀出的一匹"黑马"。甚至在小长假过后很长一段时间，依旧是余热不断。上映第十天的时候，票房达到了5760万，累计票房更是达到了7.08亿。

凭借着电影点映，《夏洛特烦恼》快速地建立了良好口碑，引起用户的观影兴趣，进而使得电影取得不错的票房成绩。

正如我们在前面所说，感性认识与视觉冲击对人们所产生的影响往往是难以估量的。正因如此，视频这个路演工具才越来越受到企业的青睐与重视。项目路演之时，通过对项目视频的展示，人们能够更好地了解项目状况；销售路演之时，借助视频对企业产品或服务进行展示，能够让人们对企业的产品或者服务有一个更清楚的认识；商业路演之时，借助视频展现企业的雄厚实力以及产品优势，能够更好地吸引代理商。

视频是最直观的展示工具，利用视频工具往往能够在调动观众感官的同时，取得意想不到的路演效果。正是因为路演视频对路演有着如此重要的作用，在当今时代，越来越多的企业发现了其中的商机，以为企业制作路演视频为主营业务，而这些企业毫无意外，都获得了不错的发展。

在这个信息高度发达的移动互联网时代，视频已经成为一种能够承载大量信息的路演工具。

一些路演经验丰富的人，曾提出过这样一个问题："决定人们记住多少路演内容的关键要素是什么？"有人给出了这样的回答："路演的展示方式，决定了记忆的比例。"

我们可以想一想，如果一件事情，我们仅仅只是用口述的方式告诉大家，大家能记住的有多少？假如我们用口述+文字的形式呢？或者我们用口述+图片的形式呢？又或者，我们用文字+图片的形式？更深一步说，我们用口述+视频的形式呢？

根据相关的统计数据显示，以单纯的口述形式向大家做路演，以大众记忆水准来算，大家所记住的内容不会超过8%；而口述+文字的形式，需要多制作一个Word文档，写下自己要讲的内容，同时以口述的方式，将这些信息传达出去，采用这种方式路演，大家能够记住10%的内容；而采用口述+图片的形式，人们所吸收的内容则可以达到50%；最后，若是采用口述+视频的形式，不仅能够提供更丰富的信息，而且还能充分调动人们的想象力，听众所能记住的部分可达到80%。

在互联网时代，传递视频的媒介、工具、渠道已经越来越多，借助视频工具，我们可以最大可能地提升路演项目的影响力。

我对这样一个画面一直印象深刻：

1992年，巴萨罗那奥运会男子400米半决赛中，英国选手德里克·雷德蒙德不幸腿伤复发，当医护担架想要将他抬走时，他拒绝了，并且在父亲的搀扶下，执著地走过了终点线。

该画面出现在美国某视频网站的相关报道中，在这个画面中，他们不仅配上了让人动情的文字，还配上了比赛当日德里克·雷德蒙德顽强完成比赛的照片。图文结合，让我看得心有所动。这就是视觉的力量，讲千千万万句励志的话，不及一个触及心灵的画面有力。

由此我们不难看出，在移动互联网大发展的时代，利用口述+视频的方式进行路演，已经成为路演活动中一种必然的趋势。

路演离不开视频营销的六大理由

路演为什么离不开视频营销？这可能是很多创业者会发出的疑问。在他们看来，他们精心准备了PPT、演讲稿、财务报表等等，这些已经足够应付那些难缠的投资人，为什么还一定要加上视频呢？

因为路演之时使用视频有这样六大好处。

一、视频是最好的企业项目包装与宣传工具

对于项目融资而言，当你在投资人面前介绍自己的项目时，如果能有一段精心制作的项目演示视频，效果会是非常不错的。

说到这里，我想起了这几年非常流行的一个娱乐节目《非诚勿扰》，在每位男嘉宾上台之后，节目组都会播放一组男嘉宾日常生活的视频小短片。在座的女嘉宾，往往在看到这组视频之后，就会快速做出判断。可以说，这个一分钟的视频短片直接关系到男嘉宾在这个舞台上的去留。

有很多次，有些男嘉宾自身条件可能并不是非常优秀，但就是因为视频短片做得好，有力地推销了自己，为自己赢得了留在舞台上的机会。

其实，项目路演视频录制也是这个道理，通过精美的视频包装，给投资人留下良好的第一印象，他们才会给你继续发展的机会。

二、通过视频邀请投资机构、专家对你的项目进行点评

投资人的时间往往非常宝贵，在参加路演活动的时候，所给你的时间也是

有限的。想要他们对你的项目重点关注，就需要在路演之前多费一些心思。在路演之前，制作好精美的视频，请这些投资机构的相关负责人或者是相关专家，对你的视频项目进行点评，往往就能取得不错的效果。对投资人而言，他们更愿意看一些能够传递出丰富信息的视频短片，而不是听路演者滔滔不绝地演说。

三、利用视频影像，梳理出清楚的商业与产品思路

利用视频更容易将内容讲清楚。一般需要一大段文字或图片才能够讲清楚的内容，使用视频可能只需要几十秒就讲得很到位了。正因视频在讲解中具有优势，所以利用视频来梳理商业与产品思路是非常好的选择。一段条理清晰的视频内容，能够将观众的目光带到过去和未来，让观众一下子明白品牌的内容与文化。当然，拍摄视频时需要花费一些心思，也需要消耗不少的时间。但为了让观众有更好的体验，这些努力都是值得的。

四、巧妙利用视频，顺利对接资源，咨询相关问题

在很多众筹网站上，项目发起人利用视频可以很快地找到自己的潜在支持者，对接各类资源，对潜在支持者所关心的诸多问题进行答复。可以说，视频可成为项目发起方与投资者沟通的渠道，促进项目的顺利达成。

五、为创业项目进行品牌的背书

互联网传播信息的便捷性，让企业拥有了更加方便的宣传推广渠道。制作精美的视频，经过微信、微博或者是一些社区网站的转发，往往就能快速地打出人气。若是产品质量足够好，设计亮点突出，团队经验丰富，还可能快速创出自己的品牌。从这个层面上说，视频可以有效地为企业项目进行品牌背书，为企业创造知名度。

六、利用丰富的网络推广资源，为项目赢得更多的关注

在京东众筹网站上，WenPod智能拍摄稳拍器项目赢得了不少人的关注（见图4-2）。

第四章
第二步：流程细化，让路演规范化

图4-2　智能视频稳拍器

该项目发起人大冯说，这个项目的缘起，是他们想要把无人机增稳技术应用到手机上，为广大用户拍摄出最优质的视频画面。该宣传推广视频包括稳拍器的科技含量以及用户反馈等方面，全面阐述了稳拍器的市场价值以及发展潜力，借助京东众筹这个强有力的平台，在短时间内便获得了不少人的关注与认筹，项目的完成额度达到了1738%，远远超过了预期目标。

视频营销所呈现出的这六种优势，提醒着我们，在视频营销愈演愈烈的时代，巧妙使用这个路演工具，才是路演制胜的王道。

视频营销"四要"，让路演价值最大化

在利用视频工具进行路演的时候，如何才能让视频的效果最好？在制作视频的过程中，加入这样四个要点，就能让路演的价值最大化。

一、一定要有独一无二的企业文化

一家具备独一无二企业文化的企业，能够给别人留下深刻的印象。比如说，阿里巴巴"让天下没有难做的生意"以及腾讯"做一家伟大的企业"的企业文化，就曾经被人称道。这些企业文化，也让他们在众多的企业中独树一帜，最终脱颖而出。

那么到底什么样的文化才算是独一无二的呢？并不是说企业的文化有多么

"高大上"就算是独一无二，而是能够表现出企业的诚心以及企业家的真心。

想要做好企业文化，并不需要拥有多么高超的语言组织能力以及口才，只需要我们做到真心实意即可。也就是说，我们要认真地思考：我为什么要做这个项目、创办这家企业，我想要做到什么高度。以一种认真负责的态度讲出自己的真心话，编辑到路演视频当中去，就能让人感受到你的真诚。

二、一个优秀的创业团队

不管是在路演PPT中，还是路演营销视频中，优秀的创业团队都是路演过程中必须要展示的内容。一个优秀的创业团队，不仅能够让自己的项目实现起来更加的迅速，而且能够增强投资人对创业者的信任。

路演营销视频中先展示企业的优秀文化，然后再展示用这种优秀文化招揽到的优秀团队，就能让投资者对你的项目更加的放心。因为，一群有着共同理想与愿景的人聚集到一起，才可能会爆发出无穷的力量。除此之外，优秀的团队，包含着出色的管理层以及拥有着超强执行力的团队成员，这都是一个项目成功的必需要素。

在路演视频中，编入这些必需的要素，其实也是在向投资人展示自己企业的实力。这有利于建立投资人对你的信任感，促进进一步的融资合作。

三、朗朗上口的品牌

品牌是路演视频营销中一定要嵌入的内容，我们要始终相信，当你不断地在观众面前展示、推介自己品牌的时候，不管观众是否有心想要记住你的品牌，其潜意识中已经对你的品牌产生了印象，而这恰恰也是我们路演时的一个重要目的。

大多时候，人们对一个企业的品牌的识记往往始于企业品牌给予他们的感觉，而不是企业的LOGO。就像我们记住了特步"飞一般的感觉，"我们记住了美邦"美特斯邦威，不走寻常路"。企业所赋予品牌的形象以及内涵非常重要，当观众觉得企业的品牌与感觉能够契合的时候，也就能够记住企业的品牌。

所以，在营销路演视频中多次传达企业品牌的理念，给观众造成一种难以忘却的感觉，就很有利于观众记住企业的品牌。

四、有效路演的片段

路演视频中加入一些企业以往有效路演的片段，或者是在路演之中观众的一些热情反馈，这对增加路演营销视频的价值有很大的帮助。

以上四个路演视频的制作要点，层层递进，一步步深入人心。当企业能够找到专业的视频团队，从这四个方面入手，录制出精彩的内容，就能够为自己的路演加分提速，为自己的路演成功增添更多的可能性。

罗纳红酒企业就曾与一家专业的视频制作公司达成合作，从以上四个方面入手，制作出了精美的视频宣传片。在视频制作公司的帮助下，罗纳红酒的宣传片在各个平台迅速传播，打响了企业的知名度。这也为该红酒企业在广东股交中心顺利挂牌上市创造了条件。

对于创业者而言，路演是一块快速融资的跳板。路演做得好，很可能在极短的时间内融资成功，或者是挂牌上市；相反，路演做得不好，很可能就需要重新寻找资本、合伙人，让自己走很多的弯路。因此，我们需要重视路演的每一个环节，为一场路演的圆满完成竭忠尽智。

必须避开的视频营销四大误区

优质的营销路演视频必定具有吸引人的内容，在某种程度上还可以称为是内容营销的一个分支。我曾经服务过一些比较大的互联网企业，也曾经研究过一些后起的新媒体公司，亲眼见证了互联网营销升级的过程。从广告营销、数据营销再到后来的内容营销，已经逐渐成为一种趋势。

例如，新浪从最初单纯做广告到开发出微博，然后再到建立社群，以及做秒拍开始一系列的内容策划。这种不断进步的营销思路，呈现出一种从消费产品到消费文化的递进。

随着互联网科技的不断发展，更低的流量成本也让消费者愿意对那些优质的内容进行主动传播。新媒体平台则成为内容传播更有价值的渠道，广告内容也由此变得更受用户青睐。

正是因为如此，越来越多的人开始重视做视频营销。我所熟悉的一位影像制作机构负责人就曾这样说："短视频是面对大众最有效和直接的沟通方式。视频可以将你想要表达的情绪、情感集中放到一个片子里去杂糅，视频综合了种种最完善的表现形式。我相信在未来，80%以上的互联网内容都可以通过网络电影、网络剧或者是一条、二更这种视频化的方式得以传递。"

不仅如此，随着智能手机的普及，互联网视频使用用户的规模也在逐年递增。有数据显示，中国视频用户数量在中国移动互联网总用户数中所占的比例高达85%，这是一个非常惊人的比例。也就是说，绝大多数的移动互联网用户都是视频用户。正因如此，各大网站都涌现出抢视频流量的趋势。

此外，当前网络视频呈现出内容化发展趋势，也为企业制作后续视频广告奠定了一个很好的基础。制作短视频，不仅能够造成持续的营销效果，还能够制造更强的品牌代入感。视频营销比图片、文字所传达出来的内容更加丰富，更加形象，互动性也更强，由此受到了越来越多人的喜爱，成为企业宣传推广必选的一种重要形式。

再进一步讲，一些视频社交网站的迅猛发展，也为视频营销创造了条件。在优酷、爱奇艺、土豆等社交客户端上，视频内容可以得到快速而广泛的传播。

视频营销拥有的种种好处与宣传推广效果，也吸引着越来越多的企业加入到视频营销的队伍中。然而，视频营销虽然拥有诸多好处，但是在制作短视频

第四章
第二步：流程细化，让路演规范化

的过程中，有不少人却经常会走入这样的误区：

一、将内容植入产品，而非将产品植入内容

这就好像是创作剧本，如果剧本没有创作之前就先钦定演员，整个剧情结构都围绕着演员转，就会影响整个剧本的内容创作效果。反之，制作短视频的时候，更多的点是关注企业产品的特性，依照这个特性来订制相关的内容，就会显得很自然。

二、为了创意而牵强附会，而不是依据品牌精神产生创意

能够传递品牌精神的短视频无疑是非常有价值的。我认识的一位朋友曾经拍过两条点击量非常可观的短视频，分别为《世界上最孤独的图书馆》与《妈妈与孩子互相打分》。这两个营销视频分别是关于图书馆与保险的，虽然内容可圈可点，但胜在视频内容中凸显了品牌精神。想要制作出优秀的短视频也是如此，你首先要知道你的品牌精神是什么，保证自己所想到的创意与品牌精神契合，而非与品牌精神相悖。

三、贪图一蹴而就

对任何企业而言，都希望自己的产品或者品牌能够一炮而红，巴不得自己花制作一条短视频的钱就换来轰动业界的效果，形成难以磨灭的品牌效果，成为视频营销的"经典"。但理智看来，这是不可能的。没有任何一家企业是靠着一些"经典"的传世短片成名的。更多成为经典的品牌，靠的不是一蹴而就，而是徐徐图之，制作出系列的营销视频宣传，不断地加深企业品牌在观众脑海中的印象，进而达到树立企业品牌的目的。

四、切入单点突破，而非整体运营

真正能够称之为经典的视频短片，多是成系统的，有着专业的商业策划。将视频放在网上进行传播，只是第一步，后续还需要太多的内容要完成，比如，包装、平台推广以及渠道选择等，通过这种整体的运营，才能达成一种最佳的结果。

除了这几大技术误区之外，企业还需要走出一个思想误区，那就是视频营销并不是企业营销的标配，而是鸡肋，所以用不着花费不菲的价格去制作短视频。这种认知对企业的宣传推广而言，并没有什么好处。如今，互联网迅猛发展，互联网用户激增，短视频营销无疑已经占据了不小的优势，不论是从投放效果分析，还是从实现企业目标的方面分析，视频营销都已经占据了企业营销中不小的比重。

所以，走出误区，精心制作短视频，利用路演视频营销为自己的企业宣传造势，是企业路演不可或缺的重要一环。

不同阶段路演视频营销的技巧

对于一个企业来说，从最初萌生创意进行融资，到最后的IPO，需要经历多场路演，在路演的不同阶段，需要讲究不同的路演技巧。

起步阶段：进行商业梳理，开启品牌之路

企业在起步阶段，往往没有什么名气，这时候，企业往往需要借助视频打出名气。"万合天宜"是范钧、柏忠春和易小星于2012年共同成立的新媒体影视公司。公司刚成立的时候没有什么名气，所以需要先用视频来宣传。"万合天宜"花费了很大力气，推出了《万万没想到》系列网络短视频内容。由于这些短视频十分幽默，赢得了很多年轻网友的喜爱，"万合天宜"的名气也渐渐大了起来。

"万合天宜"的知名度提升之后，继续做搞笑类短视频内容，制作了《报告老板》《学姐知道》等短视频剧。这些短视频剧也赢得了不少网友的喜爱，进一步提升了公司的名气。完成了人气积累，公司的名气有了巨大提升之后，"万合天宜"未来的发展就变得简单起来了，只要能够继续推出高质量的内

第四章
第二步：流程细化，让路演规范化

容，就能走得顺风顺水。

品牌推广阶段：提升企业价值，助推品牌升级

企业在经历了起步阶段以后，就需要考虑进一步的提升与发展了。还以万合天宜为例，在万合天宜渐渐拥有一定知名度以后，它开始为自己的未来做进一步打算，努力提升自己的价值，让自己的内容变得更好。一开始它只是做网络短视频剧，现在靠网络短视频剧赢得了人气，开始尝试往电影方面发展了。于是，万合天宜制作了电影版的《万万没想到》。由于《万万没想到》的网络短剧很受欢迎，所以这部电影在未上映之前就已经有了很高的关注度，被众多网友所期待。尽管最后上映时效果没有预期的好，但这是"万合天宜"在提升自己的价值之路上一个非常有意义的尝试。不断去提升企业价值，助推品牌升级，这样企业就会一步一步往上走。

招商路演阶段：各式手段，吸引人流量

随着企业规模的不断扩大，招商引资成为一种必然趋势。万合天宜在制作电影版《万万没想到》之前，已经用网络短视频剧吸引了足够多的流量，这使得这部电影自带一种"明星"光环。如此一来，愿意为它投资的人不在少数。实际上，拍摄电影的3000多万元成本，在电影上映之前就已经通过投资收回来了，电影上映时的票房都是纯赚的。不仅如此，在电影正式上映之前，"万合天宜"还在很多地方进行路演，用"百城路演"来为自己的电影宣传造势。可以说，为了宣传自己的产品，"万合天宜"用了非常大的力气。经过这番宣传，电影版《万万没想到》的知名度和关注度上了一个新的高度。

IPO阶段：企业发展的必经之路

当企业渐渐拥有了一定的知名度和实力，IPO就成为必经之路。为了能够在IPO阶段吸引更多人的注意，可以使用视频来展示自己企业实力，让人们迅速了解你的企业，并建立充分的信任感。单凭语言很难令人信服，视频则可以

让人们迅速认可你的企业。通过视频可以带领观众去参观你的企业情况，查看企业的工作环境，了解你的企业文化。眼见为实，观众看了这样的视频，自然会更加愿意进行投资。

在企业发展的每个不同阶段，在视频中展现出不同的内容，就能在特定的阶段取得预期的效果，进而顺利完成各个阶段的路演目标。

案例7：苹果手机发布会路演的视频营销

2010年6月8日凌晨，对所有苹果粉丝来说是一个特殊的日子。乔布斯穿着黑衬衫、牛仔裤站在舞台上进行iPhone 4的发布路演，那一幕令所有果粉欢呼。iPhone 4的诞生，被称为"改变世界之作"。

这是乔布斯最后一次站在舞台上进行新品发布，也是乔布斯时代最杰出的产品。

在这里，我援引了乔布斯在2010年iPhone 4发布现场的路演讲话，让我们向经典致敬：

2010年，我们将进行第一个iPhone出世以来的最大飞跃。今天，我们要介绍iPhone 4，第四代的iPhone，这简直太火爆了。今天，因为时间有限，不能涉及到100多个新的功能，但我可以给你介绍其中8个特点，iPhone 4的8个特点。

第一个，全新的设计。如果你以前看到过的话，那我到这儿结束吧！相信我，你以前肯定没有看见过。你们亲自看看，这是以前未有的非常漂亮的设计之一。

第四章
第二步：流程细化，让路演规范化

毫无疑问，这是我们制造过的最精致、最漂亮的设计。前后都是玻璃，不锈钢围绕在iPhone的周围。它的精湛工艺，高于任何我们所见过的产品，就像以前很漂亮的相机"lika"的亲戚似的。这是今日之前从未听过的产品，简直太棒了。而且，它特别薄，这就是全新的iPhone 4。它的厚度只有9.3毫米，比iPhone 3GS薄了24%。也就是说，比我们觉得不会更薄的东西，还要薄上四分之一。事实上，它是星球上最薄的智能手机。

让我们介绍一下它的外部特征：音量调节，可以调节音量大小以及静音功能。

在前面具备前置摄像头与受话器，还有主页按钮（见图4-3）。

图4-3　iPhone前置摄像头与受话器

大家都问，这到底是什么？有人说，这东西不像是苹果产品。到底这是什么线呢？这是漂亮的不锈钢带吗？仔细一看，这个线不止一条，而是三条，而且这是整个手机构造中的一部分。

它是围绕着手机的重要材料，而且里面各有缝隙。这些不锈钢带，代表着卓越的天线系统工程，其中一条线具备着蓝牙与无线上网以及导航仪的功能。

另一条有移动通用移动通信系统（UMTS）和全球移动通讯系统（GSM），等于完整的天线装置在手机的构造体上，这是从未有过的。

iPhone 4的屏幕尺寸是与iPhone 3GS一样大小为3.5英寸，但它有比iPhone

3GS高4倍的960×640的像素。每英寸326像素，800：1的对比率，这也是iPhone 3GS的4倍。

我们采用的是IPS硬屏，这是非常先进的LCD。我们认为其技术远远高于同类型产品中使用的OLED技术，它能提供更真实的色彩以及更高的分辨率。你用OLED无法实现这么高的分辨率，所以我们认为ISP硬屏真的相当出色。正因为如此，它给我们带来了不可思议的清晰的文字、图片和视频。

距离乔布斯发布iPhone 4已经过去了很多年，这款苹果的经典产品，如今已经不能再升级系统，其3.5英寸的屏幕也渐渐让用户感觉到了不适。但当年iPhone 4发布时，所引发的抢购盛况却是让人终生难忘。4999元的高昂价格，却丝毫不能阻挡人们对它的抢购热情，不少人以拥有一部iPhone 4为傲。

如今，经典已经渐渐被人们抛弃，而乔布斯也已经离我们远去，但当年乔布斯站在新品发布会上，展开激情洋溢新品发布的那一幕幕，却成为路演视频营销必学的经典教材。

案例8：小米路演的视频营销

自从小米公司成立以来，几乎每年都会有新品发布，而雷军不仅以苹果的制作工艺来要求小米，就连新品的发布会视频也向苹果看齐，T恤衫、牛仔裤，一身乔布斯的标志性穿戴，让雷军更加容光焕发，信心十足。

2018年6月21日，小米开始在香港、纽约、波士顿、旧金山、芝加哥、新加坡、伦敦等全球多个城市进行路演。此次路演行程非常紧凑，小米是兵分三路进行路演。雷军经常会在微博晒一晒路演的情况（见图4-4）。

第四章
第二步：流程细化，让路演规范化

图4-4 雷军微博路演图

雷军在自己的微博上说："小米路演胜利结束！厚道的人，运气不会太差。感谢大家支持！"

雷军在路演时的表现非常好，他不但让人们了解了小米这些年的成绩，更让人们记住了小米是一家有梦想的公司（见图4-5）。

图4-5 雷军宣传图

雷军在路演现场告诉大家：小米是一家有梦想的公司，小米要成为一家伟

路演商战

大的公司。他认为，好的公司赚的是利润，但伟大的公司赚的是人心。信任非常重要，它是成为伟大的公司必须要具备的一个条件。

雷军介绍自己的时候很有料，他说自己是中国IT界的老革命，在20世纪80年代末就开始创业，创办过金山软件、电商网站卓越，做天使投资时还投资了欢聚时代和UC浏览器。

雷军表示，他做小米，就是想把中国生产的手机做到世界领先，推动整个行业的进步，也让中国制造转型升级。

手机行业的竞争程度激烈到让人难以想象的地步，但是小米自从在2011年底进入手机市场后，就迅猛发展。只经过了短短两年半的时间，小米手机就做到了中国手机市场的第一，世界手机市场的第三。

然而，任何一家公司都不可能一直一帆风顺。在2016年，小米经历了一次低谷。当时小米的团队不断扩大，小米对体量扩大之后的内部管理方法还不够成熟，小米的发展遭遇了危机。不过小米很快调整了过来，公司继续高速前进，小米手机的销量也再次猛增。

雷军为此感到非常骄傲，他说："从没有一个（手机）公司业绩下滑后活得过来，一挂就真的挂了，小米是唯一一家turn-around的公司，发展非常迅猛。"

小米在印度开拓市场时，在印度的手机行业中堪称是大哥级别的公司。

小米刚进入印度时情况并不是很好，还没站稳脚跟，就吃了诉讼专利官司。好在小米都挺过来了，利用三年半的时间成为印度手机市场的第一名。2018年在印度手机市场中，小米手机连续多个季度都是第一名，市场份额超过30%。

除了印度市场，小米还在全球70多个国家开拓市场，并在20个国家进入到手机市场的前五名。

小米进入欧洲市场，也受到很多人欢迎。在法国，小米新店开业时，天气

第四章
第二步：流程细化，让路演规范化

不太好，天上甚至下起了冰雹。即便如此，四五百名粉丝依旧打着伞等待小米新店开业，谁也不肯离去。

雷军表示，小米能够在全球化的道路上发展得越来越好，与小米以社区方式和粉丝交流，并立足互联网平台有很重要的关系。小米进入每个市场之后，都可以快速站稳脚跟，形成品牌效应。

现在，小米除了手机之外，也在电视、笔记本等智能家电众多方面取得了很好的成绩。小米的生态系统正不断完善，小米在人们心中的定位也在悄然改变。小米从一个手机品牌，逐渐变成一种智能生活的方式。

小米是全球最大的消费物联网（IoT）平台，链接的智能设备数量超过1亿台。

雷军说："小米可以做出那么多好产品，价格也很厚道，最重要的原因是小米既做硬件，也做电商平台，小米是一家电商公司。同时，小米是全球罕见的同时能做电商、硬件、互联网的全球公司。小米IPO之后股权投资也会继续放大。"

小米2015年、2016年、2017年及2018年第一季度营收分别为668亿元、684.34亿元、1146.24亿元、344.12亿元。

雷军表示，他有信心让小米在这一年进入世界500强，它将是进入世界500强的公司当中用时最短的一家公司。

小米的路演营销视频，让小米在路演的同时，通过网络转播让更多的人看到了其路演盛况。雷军在路演时讲述了小米公司的发展历程，同时让人们看到了小米公司的梦想。雷军向人们展示了小米公司是一家拥有梦想、充满活力、积极进取、迅猛发展的公司，让人们被小米公司吸引，成为小米公司的粉丝。

05 第五章
第三步：总结评估，提高路演水平

没有一个创业者天生就是优秀的路演者，所有优秀的路演者都是后天不断历练、不断总结的结果。伴随着经验的不断积累，创业者才有足够的底气去应对各种各样的场面，解决各种各样的质疑与刁难，为成功路演打好基础。

审视误区，这些错必须改

一些创业者在刚刚开始创业的时候，由于经验不足，经常会陷入一种不知所措的状态之中。在准备路演的时候，总想要面面俱到，殊不知，越是想要求全，反而会适得其反。

在我认识的创业者中，有不少创业者的创业项目其实都非常不错，但是最终有不少人都败在了路演这个环节上。因为没有足够的路演经验，不能成功地说服投资人，筹不到项目后续研发的资金，最终导致资金链断裂，后续发展也会受到影响。

对满怀一腔创业热情的人来说，遭遇这样的事情，无疑是非常遗憾的。所以，对于任何一位想通过路演来扭转企业命运的人来说，避免走入路演的误区，积累一些成功的路演经验，都是百利无一害的。

好高骛远，一味画大饼

虽然我们一再强调，在面对投资人的时候需要给投资人描绘一个美好的愿

第五章
第三步：总结评估，提高路演水平

景，但是，若是你的愿景描述得有些离谱，让投资人感觉你好高骛远、不切实际，就会让自己的路演取得相反的效果。

一位为梦想而奋斗的大学生曾这样说起自己参加创业大赛的经历：

为了参加这个比赛，我认认真真做了一份自认为完美的商业计划书。结果很让人欣慰，我赢来了几次参加天使投资的机会。我把计划书投给了不少的风投机构，在接下来的几个星期里，我陆续收到了不少的邮件，而大多数邮件只是对我的想法进行一下了解，然后就没有下文了。只有一家路演机构给我打过一个电话，说是有VC看上了我的项目，同意投资三百万美元，但条件是需要占股百分之三十。如果我同意这个条件，就去北京和他们面谈。虽然我们保持了将近两个月的通话，但是最终还是没有谈妥。因为我坚持最多出让百分之十五的股权。

这次失败，虽然看似是对股权架构方面没有谈拢，但是只有我自己知道，失败的根本原因是我没有底气、没有自己的团队，不像我的商业计划书所写的那样。如果我有自己的团队，哪怕到了北京，我也有绝对的信心能够把股权压下来。这次失败给我的教训是深刻的。它告诉我，不论什么时候，都不要打肿脸充胖子，好高骛远、不切实际，都是在自欺欺人。

当前，在中华大地上，已经掀起了一股前所未有的创业新潮，各地的创业者们也在千帆竞技。纵然是竞争惨烈，我们也要始终把守一个底线，那就是一定要看清楚自己脚下的路，不能好高骛远，迷失了创业的初衷。

在英特尔众创空间加速器项目路演上，英特尔的全球副总裁兼中国区总裁杨旭告诫创业者："创新不一定要创业，但创业一定要创新，不论创新还是创业都一定要脚踏实地。"

在讲话中，他还这样表示："我们希望真正有人去把好的想法做出来，把想法变成现实，而不是仅仅只有了一个简单的想法，实实在在的东西还没有做出来，就把重点放在上市方面"。

实实在在、脚踏实地，杨旭一再强调这些要点，让我们不禁对当前创业者的创业路演行为有了更多的思考。作为一名有经验的投资人，当他在参加路演的时候，最看重的是什么？

投资人看重的，除了创业团队以及项目的优劣外，还有就是创业者个人的能力与素质。你要相信，任何一个能够成为天使投资人的人都拥有过人的眼力以及丰富的阅历，你到底是在完美地阐述你的项目，还是在好高骛远地画大饼，他们其实很容易就能看出来。而且，作为投资者，他们若是想要了解哪个创业项目，获取哪个项目的创业资料，也是非常容易的事情。所以，不要试图耍一些小聪明，投资人的钱并不是凭着一些空洞的豪言壮语就能拿到的。

在深圳某个路演会场上，我曾亲眼见证了十几个优质项目进入终极加速与路演。此外，还有三十余个项目获得了现场展示的机会。这些项目包括"车载机器人""智能护膝""完美幻境"等。

这些项目都非常引人瞩目，创意新颖，能够吸引人的兴趣。然而，现场不少投资人在对这些项目产生兴趣的同时，也表示了自己的担忧，"怕就怕说一套做一套，最终不能做出承诺的东西"。的确，对于任何一个创业者来说，想要让自己的路演更具说服力，最先要做的就是做出最前端的产品。就好像雷军所说的那样："好产品自己会说话"。当你拿出了具有足够说服力的产品，自然会有投资人对你的产品买单。相反，若是你一味地吹嘘，好高骛远，就算是再好的创意也会砸在你的手上。

脚踏实地搞研发，一心一意做事业，不要这山望着那山高，这是作为一个创业者创业时应该坚守的初心。这种初心，是创业者最为宝贵的精神财富。而很多时候，投资人愿意为那些老老实实、一步一个脚印来实现梦想的人买单。同样，当你被问及项目目前进展的时候，真诚地说出目前的现状，不回避问题

第五章
第三步：总结评估，提高路演水平

也不隐瞒缺点，其实更容易让人对你产生信任。比如，你可以简单介绍一下，目前做了哪些事，有怎样的技术能力，现在的产品以及运营状况如何，有哪些资源支持，又遭遇了哪些问题等。实事求是，不要不切实际地画大饼，你的路演才可能取得最佳的效果。

堆砌大量的专业术语和数据

专业术语与数据虽然不可少，但是我们要切忌一点，千万不要大量堆砌。对你来说，大量使用专业术语与数据，可能彰显出你的专业性。但是，你要清楚，当你使用大量的专业术语表述的时候，你的投资人很可能会听得云里雾里，茫然不知你在说什么。很显然，当路演的时候，发生这样的情况就是非常糟糕的。对路演者而言，当投资人不知道你所说的是什么意思，往往也就意味着投资人将会对你的项目失去兴趣。

我就曾经对这样一场路演印象深刻：

路演者是一个学工程力学的小伙子，他所介绍的项目也非常新颖，足以引起投资人的兴趣。然而，当我看到他PPT上所写的那一些列专业术语，那些让我丈二和尚摸不着头脑的数据图表，我很难理解他所说的内容。虽然听他说得口若悬河，头头是道，但是我明白，这个项目已经让我渐渐失去了兴趣。

我为什么会有这么糟糕的感觉呢？道理很简单。当路演者站在路演的舞台上时，他所面对的并不是他这一领域的专业人士，所以绝大多数人对于他说的那些专业术语，很可能会听不懂。这应该是路演者需要提前预知的情况。即便是有那么一两个人是专业人士，你对着这一两个人进行路演，无形中就把其他人排斥在你们互动的圈子之外，这种小圈子的感觉，更是会让其他投资者对你的项目产生反感。那么正确的做法该是怎样的呢？

化繁为简，让语言变得通俗易懂，要在有限的时间之内讲清楚，让第一次听的人也能听明白，而且逻辑性要强，最好有生动的类比。

比如，我们在前面章节所提到的，小米4发布会的时候，雷军曾经这样描述小米4的窄边："只有0.03毫米，0.03毫米是一个什么概念呢？"他列举了这样几种日常生活中常见的事物，70克的A4打印纸的厚度是0.088毫米，黄种人头发的直径是0.08~0.09毫米。这种形象的对比，就让人们对窄边的认识更为直观，也让雷军的表述语言更具体、形象。

除此之外，路演者在援引数据的时候，还要谨记这样一点，数据并不是越繁琐越好，相反，如果你能够在图片中对这些数据进行一个直观的展示，所取得的效果比罗列一堆繁琐的数据，效果会更好。很多有经验的路演者在制作PPT的时候会这样使用数据，他们以简洁明了的数据、柱状图为首要内容，然后辅以一些简短的总结性话语。当然，他们还会将需要重点展示的部分加以突出，比如商业模式部分、盈利方式部分以及财务预测与市场竞争部分。

专业术语形象化，繁琐数据直观化，这是路演者需要掌握的中心要点。就比如小米4手机发布的时候，雷军曾经提到很多专业数据，这些数据虽然很多，但雷军借助PPT展示，将这些数据有效地与图形结合，将其变得更加易于理解。这就为现场的听众更为深刻地认识小米4，做了很好的铺垫。

过分复制其他企业路演模式

对于一些初创业者而言，学习和模仿一些成功企业的路演模式，无疑是快速走上路演之路的捷径。然而，学习并不意味着一味地模仿，当一家企业明显

第五章
第三步：总结评估，提高路演水平

在复制其他企业的路演模式时，只会让观众产生一种无法评论之感。

就拿销售路演为例，当第一家企业通过舞台表演用气球、彩带等等舞台道具吸引观众的时候，它是成功的。但是，当越来越多的人开始借助舞台表演、音响设备以及鲜艳的舞台布局来吸引观众的时候，观众却已经对此感到麻木了。

也许我们都有这样的印象，去某条商业街闲逛的时候，经常会有一些商家搞一些店庆促销活动。在这些门店之前，搭建着一个大舞台，周围鼓乐喧天，舞台上的人们激情洋溢，主持人无比亢奋，但实际上，台下围观的人却并不多。

这是为什么呢？其实这很好理解，人们往往都会对那些新奇的事物比较感兴趣，一旦这些事物变得司空见惯，人们就会感到麻木，也就会见怪不怪了。

这种情况不仅仅是出现在销售路演中，在融资路演以及招商路演中也经常会出现。路演者总是会在不知不觉间犯类似的错误。

比如，在融资路演的时候，有不少创业者在学习观摩了别人的路演视频以后，觉得别人的PPT很好看，费尽心思将别人的PPT找来，依样画葫芦，甚至连别人PPT上的企业LOGO都没有换掉。这样的事情，不是没有发生过，而是经常会出现。

再拿招商路演为例。招商路演基本上都是在某个特定的地方，对企业产品进行展示，在展示推销的过程中，向参会观众介绍企业的招商政策，达到招商的目的。最初这种大幅度让利的活动，可能会让各地的参会企业心动，若是每次都是老套路，参会企业也就会对此失去兴趣。

在路演这个特殊的领域，虽然并不需要人们做出多大的创新，但是有一点必须要注意，那就是一定不能过分地借用别人的经验，模仿可以，过度模仿，没有了自己的特性，没有了自己的亮点，这样的借用就是非常失败的。

对此，一位曾经参加过多次路演的创业者这样跟我说：

路演商战

我第一次参加路演的时候，因为经验不足，曾闹了一个很大的笑话。虽然在路演之前，我也曾精心做足了准备，但真正站在路演的舞台上时，我还是有些手足无措，不知道该如何开场，如何跟在场的听众进行交流。

在谈及企业的未来规划时，更是大脑一片空白。支吾之下，我随口就重复了之前路演者所说过的企业前景以及发展模式……

结果，也就可想而知。我这次的路演表现简直是糟糕透了。我甚至能够感觉到场下一些投资人投来的失望眼神。

有了这次经历，我一度非常害怕路演，也不敢面对那么多陌生人去演讲。

所幸，我们团队的成员都在支持我、鼓励我。因为有着朋友的支持与信任，有着未曾完成的梦想，我开始重新研究自己团队的商业模式、项目优势以及未来的发展方向，并将这些深度的思考，诉诸于笔端，形成了有形的文字，制作了精美简洁的PPT。随后，我还找专业的视频制作机构，帮助我们的团队制作了特色鲜明的宣传视频。

就这样，我在不断摸索与探究的过程中，找到了企业独有的优势。如今，凭着这份独特的优势，以及我们团队成员坚持不懈的奋斗精神，我们已经赢得了不少投资机构的青睐，在前不久更是获得了首轮融资。

这位创业者的经历，其实就很能说明问题。在路演这个环节，单纯的模仿，并不能让你表现更加出众。只有博采众家之长，充分吸收别人的经验，凸显出自己的优势，形成自己的独有模式，组建出最优秀的团队，取得自己的财务营收，用事实去征服投资者，你才可能成功获得路演的第一桶金。

任何复制其他企业的模式，都是路演者成功路上潜在的绊脚石。你可能觉得复制很简单，能够省却你不少的麻烦，但是你要清楚，这可能需要你付出多次失败的代价。

第五章
第三步：总结评估，提高路演水平

情绪化患得患失

路演之前，我们抱着必胜的心态去准备，力求在路演时展现出更好的状态，取得更好的路演效果。但没有人能保证我们的路演一定会成功，所以我们应该把自己的心态摆正。以一颗平常心来对待它，比起患得患失更容易让你显得有自信。

很多人在成功获得融资之前，需要参加一场又一场路演，向不同的投资人一遍又一遍地去阐述自己的梦想与创意。这个过程是艰难的，因为，你的梦想与创意不一定能够被大多数人理解，也不一定能被大多数人认可。在一个创意从梦想化为现实的过程中，你可能会遭遇到很多的质疑、否定甚至是诋毁。这个时候，我们该怎么办呢？是愤怒地回击，还是沮丧地放弃？

这两种选择都是非常不明智的。对于一个创业路演者而言，最重要的就是要保持一颗平常心。梦想这条路上，从来就不是坦途。在实现梦想的过程中，遭到别人的怀疑与责难也是非常正常的事情。如果我们总是因为那些不能理解我们、不能相信我们、不会喜欢我们的听众而苦恼，那么我们的脚步就会停止不前。

马云最初创立阿里巴巴的时候，曾经到处去演说，到处跟别人讲他的想法是多么伟大。但是别人是怎么做的呢？很多人认为马云是骗子，甚至将马云拒之门外。可是，马云是怎么做的呢？他以一颗强大的心无视所有人的嘲笑，坚持自己的梦想，终于迎来了阿里巴巴的辉煌。

诚如马云所说："梦想这条路，踏上了，便是跪着也要走完。"的确，在我看来，路演者最优秀的品质，不仅仅是那种为了梦想而奋不顾身的热情，更是要有强大的内心，能够坦然面对拒绝，也能够坦然面对别人的白眼。

事实上，对于绝大多数创业者而言，融资都是一件非常容易遭受挫折的事情，比如，向风险投资（Venture Capital）公司发送了商业计划书以后，十有八九你是收不到回音的；想跟风险投资公司电话预约一下，十有八九他们是在"开会"；若你有幸能够跟风险投资公司当面汇报，你可能很少或者根本得不到反馈；就算你主动去询问风险投资公司，所得到的也会是他们无情的沉默……

面对种种挫折，如果创业者没有一颗强大的内心，情绪化严重，经常患得患失，就可能会越来越沮丧，最终倒在创业的路上。

关于风险投资公司，其实还有这样一种比较贴切的解释：Very Conservative，即非常保守。

风险投资公司们一方面想要看到更多的融资项目，因为项目越多，他们投资到高质量项目的机会才越大。一般情况下，一个项目来源比较充足的风险投资公司，一年可以看到大约1000个项目；但另一方面，他们决定要做的项目一年不会超过三个。前提是这些风险投资公司比较有实权的情况下。这也就是说，每年风险投资公司的项目其实不到他们所看到项目的百分之一，剩下的百分之九十九都会遭到拒绝。

对于创业者而言，被风险投资公司拒绝了，是不是就代表着自己没有希望了呢？不是的。一位VC拒绝你，可能只是代表你的项目不适合他，你完全不必为此急着改变自己的战略，也不需要去浪费时间说服那些对你的项目不感兴趣的风险投资公司，或者是纠缠那些态度模棱两可，不对你的项目表态的VC。多花一些时间去寻找适合自己的风险投资公司才是正道。

迪斯尼电影公司的创始人，在最初进行融资的时候，也基本没有风险投资公司对他感兴趣，但是后来市场证明他的项目非常具有实力，市场愿意为他的项目买单。所以，如果你在路演的时候暂时遭遇到拒绝，那么，不要气馁，也许你只是暂时没有找到赏识你、肯接受你的风险投资公司而已。坚持下去，可以另寻更好的投资者便。

当然，如果你一直融不到资本，或许就需要反思一下：如果我的创意真的

第五章
第三步：总结评估，提高路演水平

非常好，那么为什么这么久还是没有人赏识？虽然这是一个非常难以回答的问题，这样可能触及到了你的心理底线，但是你必须要认真对待。如果连你自己最亲近的人都不支持你，如果没有一个人想要加入你的团队，为你工作，如果你没能说服任何一个顾客来购买你的产品或享受你的服务，你就必须要认真思考，你的问题到底出在哪里。

宠辱不惊是一种精神境界，这种境界也非常适用于路演者。当路演者能够抱着一颗平常心来对待路演的时候，就能够做到不以物喜、不以己悲，最终寻找到适合自己项目的天使投资人。

绩效评估，既要成绩也要成本

类似企业管理需要看绩效一样，路演同样也需要有绩效，不能让每一次路演活动都成了儿戏，这对企业而言，是极大的浪费。既然是绩效，就需要路演者注意两个方面，既要出成绩，还要控制好路演的成本。

评估路演效果的两个标准

这主要是针对商业路演而言，商业路演是包含了SP（Sales Promotion促销活动）、AD（Advertisment广告）、PR（Public Relations公关）等多重功能的终端整合性促销活动。因此，路演的效果绝不能仅仅以现场的销量为唯一的审视标准。一般说来，针对商业路演，我们有这样两个参考标准。

一、现场关注度

顾名思义，就是路演活动现场所吸引的人流量，以及目标人群对活动的关注程度。

商业路演的目的，在某种程度上就是吸引消费者眼球，进而引起消费者的持续关注。在这个意义上说，路演就相当于是一种媒体，关注的人数越多，就

第五章
第三步：总结评估，提高路演水平

越能说明路演的价值。

在中国首届跨境电商创业创新大赛第二场路演现场——高新区（滨江）海创基地，北京的中云智慧CEO李新，向台下的投资人与嘉宾们介绍了自己的项目："我们是一家跨境电商监管与云服务平台，运用人工智能、大数据、云计算、物联网等技术打造智慧安全新模式，较好地解决了跨境商品小包裹、碎片化带来的查验难题，已应用于自贸区、保税区、机场、物流、邮政等领域……"

他的介绍一结束，台下的投资人与嘉宾就给予了热烈的掌声，纷纷表示该项目具有巨大的发展空间。而被大家所盛赞的中云智慧，自成立以来，已经成功获得了天使轮与A轮融资。此次来参加路演，则是希望通过中国跨境电商创业创新大赛这个平台，快速完成新一轮的融资。

从该项目的现场关注度来看，项目路演是非常成功的。

二、现场参与度

所谓现场参与度，就是吸引现场的观众参与进来，引起现场观众内心的共鸣。从这个层次上说，路演既是促销活动，又是公关活动。促销与公关的对象则是普通的消费者。活动的好坏，则主要体现在现场的观众对路演活动所表现出的主动性：有多少人免费参与互动活动？有多少人现场达成了合作（购买）意向，购买数量如何？

比如，纯甄酸牛奶曾在衡阳市场搞过一个销售路演活动。活动是由衡阳市场联合衡阳师范学院共同举办的，联合路演在衡阳师范学院的国旗主题广场展开。活动从晚上7点钟持续到晚上9点钟。在这两个小时的时间里，活动方为观众们呈现出精彩的节目，现场的观众人山人海，晚会的观众量更是不低于10000人次。当晚，纯甄酸牛奶的销售量为350件，其余产品的销量为200多件，这有效地推动了纯甄/蒙牛品牌在大学校园市场的有效提升。

对于商业路演来说，路演的最终目的就是体现在对当地市场本品销售的帮助上。这种效果是无法从路演现场的反馈来估量的，而是需要后期对销售数据进行统计。而我们所提到的两个评估要点，也仅仅只是针对活动当天路演现场以及分销点的活动效果评估。

测算"路演"活动成本

我们在前面曾经说过，商业路演是包括了SP、AD、PR等多重功能的终端整合性促销活动。其执行的优劣，主要是看现场影响了多少人，有多少现场消费者实现了主动购买。如果从这个标准来衡量，我们又可以将路演看成是一场集中的广告活动，由此，我们可以引用广告学中的"千人成本法"来进行量化的评估。我们仍旧以纯甄在大学校园里的销售路演为例，其成本组成如表5-1所示：

表5-1 销售路演费用名称与花费

费用名称	花费
场地以及审批费用	2000元
执行费用	5000元
物料制作费用	2000元
杂费	600元
人员工资	1400元
公司人员差旅费用	2000元
本品费用	650元
合计费用	13650元
以上是公司小型路演计算成本	

第五章
第三步：总结评估，提高路演水平

假设路演当天现场的人流量为10000人，各分售卖点人流总量为2000人；再假设一场较为成功的路演能够吸引现场人流量的40%左右进入活动现场，则人数约为4800人。购买人数按进入人数的15%计算，则可以得出5-2收入表。

表5-2　销售路演收入表

人数及收入计算方式	人数及收入
进入活动区人数占总人数40%	4800人
舞台演出观众人数占进入活动区人数的40%	1960人
观众成交人数占进入人数的20%	392人
非节目时间成交人数	328人
成交总人数	720人
现场售卖200件按单价82/件计算	16400元
公司实际收入按经销商进货价-成本价计算	3566元

我们假设一场较为成功的路演活动的现场受众千人成本为：（13650-3566）/4800×1000=2100（元）；我们假设一场较为成功的路演活动现场消费群体千人成本为：（13650-3566）/720×1000=14005（元）。

对于销售路演活动而言，预算成本的高低直接受当天受众人数以及购买总人数的影响。进入会场的现场受众总额越多，千人成本就越低，活动的影响力也越大，现场购买的消费者总人数也会越多，现场购买的千人成本也就越低，活动效果就越好。

在实际的评判中，还有这样一个标准：实际执行千人成本≤预计成本活动，效果越好；实际执行千人成本＞预计成本活动，则路演效果越差。

当然，以上数据只是有预先假定的特例，在实际计算过程中，还需要根据具体的市场环境来设定各种数据。

备案"路演"活动，做好下次路演

就像每一次进行路演之后都要做总结一样，在进行每一次销售路演活动之后，都要对路演活动中所取得的效果，活动的不足以及亮点进行一个总结，以便下次进行路演时能够扬长避短，取得更加出色的路演效果。

例如，王老吉在一次销售路演之后，就曾将路演活动进行了备案，记录了当天的路演安排，如表5-3所示：

表5-3 路演活动流程表

时间	舞台区	试饮及热卖区
活动前一日	舞台、灯光、音响设备、游戏区大型道具安装搭建，道具物资进场	促销礼品进场（安排人员守夜）
7：00-9：00	设备调试 道具安装	货物进场、货物分配；促销礼品分配地堆等实物陈列搭建；太阳伞、气模、横幅等广告宣传物料布置（早上7点所有业务人员、促销员、执行公司安装人员必须到场）
9：00-10：00	反复播放活动内容 播放本品广告歌背景音乐以及本品企业宣传等广告内容	冰块入场冰冻化本品
10：00-12：00		①派发员：派发活动单页 ②试饮员：积极主动接触消费者邀其试饮 ③促销员：介绍活动内容，进行卖、赠活动 ④游戏区人员：游戏以及游戏礼品发放
12：00-13：00		所有活动人员轮流吃午餐
13：00-15：30		所有人员轮流休息，但在现场必须轮流负责
15：30-17：30		①派发员：派发活动单页 ②试饮员：积极主动接触消费者邀其试饮 ③促销员：介绍活动内容、进行卖赠 ④游戏区人员：游戏以及游戏礼品发放
17：30-18：00		所有人员帐篷内轮流吃饭、卖赠及游戏活动照常进行

第五章
第三步：总结评估，提高路演水平

续表

时间	舞台区	试饮及热卖区
18：00-19：00	主持人演员到场、灯光音响进一步调试、道具准备、现场排练	①试饮员：积极主动接触消费者邀其试饮 ②促销员：介绍活动内容、进行卖赠 ③游戏区人员：游戏以及游戏礼品发放
19：00-21：30	舞台演出、互动游戏、有奖问答	
22点以后	执行公司相关人员负责舞台区收场以及现场所有物料运输	各帐篷负责业务人员与售卖促销员对账，核对礼品使用情况、赠饮使用情况。其他人员现场物料整理以及收场

成功的企业都如此善于总结，何况是我们这些尚未成功的企业。所以，对于路演中的每一个细节我们都要注意，细心总结与备案，以便下一次能够取得更好的路演效果，促成更好的交易与更多的订单。